2015年度教育部人文社科青年基金项目课题"环保社会组织提起民事公益诉讼问题研究"(项目编号15YJC820042)研究成果

秘明杰◎著

中国环保社会组织
民事公益诉讼法律问题研究

ZHONGGUO HUANBAO SHEHUI ZUZHI
MINSHI GONGYI SUSONG FALÜ WENTI YANJIU

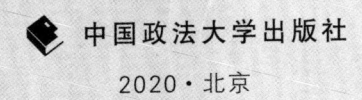

中国政法大学出版社

2020·北京

声 明	1. 版权所有，侵权必究。
	2. 如有缺页、倒装问题，由出版社负责退换。

图书在版编目（CIP）数据

中国环保社会组织民事公益诉讼法律问题研究/秘明杰著. —北京：中国政法大学出版社，2020.8
ISBN 978-7-5620-9610-8

Ⅰ.①中… Ⅱ.①秘… Ⅲ.①环境保护机构－环境保护法－民事诉讼－研究－中国 Ⅳ.①D922.684

中国版本图书馆 CIP 数据核字(2020)第 154572 号

出 版 者	中国政法大学出版社
地 址	北京市海淀区西土城路 25 号
邮寄地址	北京 100088 信箱 8034 分箱　邮编 100088
网 址	http://www.cuplpress.com（网络实名：中国政法大学出版社）
电 话	010-58908586(编辑部) 58908334(邮购部)
编辑邮箱	zhengfadch@126.com
承 印	固安华明印业有限公司
开 本	880mm×1230mm　1/32
印 张	7.25
字 数	180 千字
版 次	2020 年 8 月第 1 版
印 次	2020 年 8 月第 1 次印刷
定 价	46.00 元

序

PREFACE

检察机关、环保行政机关、环保社会组织是我国环境公益诉讼三类重要的原告主体,环境公益诉讼的主体是建立环境公益诉讼制度的核心和基础,环境公益诉讼的公益性特点及环保社会组织在环境保护上所展现出的先天优势使其成了最能够胜任环境公益诉讼原告的主体。环保社会组织在当代中国已经成为参与环境保护的主力军,尤其是在现代环境治理体系建设过程中,环保社会组织在环境信息公开、环境公益诉讼、环境公共服务、环境风险预防和化解等方面起着非常重要的作用,是环境保护监督的重要力量。我国《民事诉讼法》第55条和《环境保护法》第58条从不同角度对环保社会组织提起民事公益诉讼作出了明文规定。但在具体个案中,究竟由哪类或哪个环保组织、依据何种程序、代表何种环境公益、向何地人民法院、提起何种诉讼请求等问题,缺乏具有可操作性的依据,既缺少全国人大常委会的立法解释,也没有最高人民法院的司法解释,以至于环保社会组织的民事公益诉讼活动只能通过司法实践进行摸索,这在很大程度上影响到了环保社会组织提起民事公益诉讼的案件数量。究其原因,这与环境公益的普遍性、环保社会组织的多样性以及法律规定的概括性有着密不可分的关系。在我国，环保社会组织提起民事公益诉讼的合法性、正当性、合理性已不是问题，但不同地区、不同类型、不同规模环保社会组织之间如何为环境公益代言，以及其提起民事公益诉讼的具体程序规则等问题成了关系到环境公益能否真正得到有效维护的关键所在。

在检察机关、法律规定的机关和组织等众多环境公益代表主体中，环保社会组织的代表主体地位首当其冲，是核心力量。而有权提起民事公益诉讼的法定环保社会组织可能不止一家，因此有必要通过一定的诉讼前置程序对其环境公益代表资格进行筛选。尔后，作为环境公益的法定代表主体方能进入诉讼程序，提起民事公益诉讼。这涉及环保社会组织提起民事公益诉讼的基本法律问题，即环保社会组织这一概念在实体法和程序法上的法律定位，以及其作为环境公益代表主体的理论依据。本书在对现行立法进行考察的基础上，结合近几年环保社会组织提起民事公益诉讼的司法实践，对我国有关制度规范予以完善。环保社会组织提起民事公益诉讼的法律问题主要涉及环保社会组织作为环境公益代表的法律定位和制度安排、环保社会组织提起民事公益诉讼的具体程序规则设置，以及为确保环保社会组织民事公益诉讼目的实现的配套制度建设完善等三个方面内容，这是本书研究的重点。

本书是教育部人文社会科学研究项目的最终成果，题材新颖、内容务实、观点明确、资料翔实、论证严谨、论断新颖，堪称环境法青年学者的力作，不仅能成为环境法理论研究的范例，而且可以作为司法人员、律师办理环境民事公益诉讼案件的参考书，也适合任何对中国环保社会组织民事公益诉讼法律问题感兴趣的读者阅读。

明杰副教授是福州大学法学院自2001年成立之后培养的第

一届环境法研究生，也是我第一次指导的优秀研究生，多年来我们建立了深厚的师生情谊，始终保持着治学问道的学习与交流。近二十年的交往，深感到他对环境法情有独钟，对环境法制建设既有丰富的理论研究经验也有环保新常态之下的历史情怀，对环保事业的同仁充满公益精神与关爱，对涉及环保社会组织参与环境民事公益诉讼、环保企业合法经营与维权既感同身受又独具匠心，十分难得！今日明杰副教授能有创新的研究成果，我深感欣慰，故共勉为序！

黄明健[*]
2020 年 4 月 13 日于澳门科技大学

---

[*] 法学博士，法学教授，中国法学会环境资源法学研究会常务理事，最高人民法院环境资源司法理论研究基地研究员，澳门环境资源法学研究会会长，澳门科技大学法学院环境与资源法学专业博士生导师。

目 录
CONTENTS

序 / 001

引 言 / 001

第一章 中国环境民事公益诉讼的原告主体类型分析 / 005
一、中国环境民事公益诉讼原告主体资格的法制现状 / 007
二、中国环境民事公益诉讼原告主体资格的现实困境 / 014
三、中国环境民事公益诉讼原告主体资格的出任程序 / 021
四、中国环保社会组织民事公益代表主体的首位性分析 / 034

第二章 环保社会组织民事公益诉讼的基本问题探讨 / 043
一、环保社会组织民事公益代表主体的法律定位 / 043
二、环保社会组织民事公益诉讼的立法考察 / 050
三、环保社会组织民事公益诉讼的实践分析 / 061

第三章 环保社会组织民事公益诉讼的程序规则探究 / 086
一、环保社会组织民事公益诉讼原告主体的多元顺位 / 086
二、环保社会组织民事公益诉讼的前置程序与行为限制 / 094
三、环保社会组织民事公益诉讼请求范围界定 / 101

第四章 环保社会组织民事公益诉讼的配套制度建构 / 109
一、环保社会组织管理制度优化 / 109

二、环保社会组织"双重管理主体"协调制度 / 114

三、环保社会组织信息的联网信息化管理制度 / 123

四、环境公益诉讼专项资金管理制度 / 128

参考文献 / 140

附　录 / 148

一、社会组织登记管理条例（草案）/ 148

二、社会组织信用信息管理办法 / 171

三、社会组织评估管理办法 / 177

四、社会组织登记管理机关行政执法约谈工作
规定（试行）/ 184

五、中共中央办公厅关于加强社会组织党的建设工作的
意见（试行）/ 187

六、环境保护部、民政部关于加强对环保社会组织引导
发展和规范管理的指导意见 / 197

七、环境保护部关于培育引导环保社会组织有序发展的
指导意见 / 202

八、最高人民法院关于审理环境公益诉讼案件的工作
规范（试行）/ 206

后　记 / 222

INTRODUCTION 引 言

在中国，环保社会组织已经成为环境保护的核心力量，尤其是在现代环境治理体系建设的过程中，环保社会组织在环境信息公开、环境公益诉讼、环境公共服务、环境风险预防和环境矛盾化解等方面起着非常重要的作用。《民事诉讼法》第55条和《环境保护法》第58条从不同角度对环保社会组织提起民事公益诉讼作出了明文规定。但是，具体到个案，究竟由哪类或哪个环保组织、依据何种程序、代表何种环境公益、向何地人民法院、提起何种诉讼请求等问题，往往缺乏具有可操作性的依据。就此，无论是全国人大常委会的立法解释，还是最高人民法院的司法解释，都未能作出细化规定，以至于环保社会组织的民事公益诉讼活动只能在司法实践中摸索，这在很大程度上影响到了环保社会组织提起民事公益诉讼的案件数量和诉讼效果。最高人民法院的统计资料显示：自2015年修订后的《环境保护法》实施以来，至2019年7月30日为止，在将近5年的时间内，最高人民法院环境资源审判庭依法受理社会组织提起的民事公益诉讼案件298件，审结119件。虽然环保社会组织提起民事公益诉讼的案件数量在绝对量上处于增长态势，但与检察机关提起民事公益诉讼的案件数量相比则相差很大。这与环境公共利益的普遍性、环保社会组织的多样性以及法律规定的概括性有着密不可分的关系。

环保社会组织发展较为成熟的国家（如美国、德国、意大利），往往通过程序规则或既定判例来规范其环境公益诉讼活动。"当前，各国普遍存在的一些名称、领域、规则不尽相同但均具有直接公益指向的特殊诉讼，如美国的集团诉讼、公民诉讼、自然资源损害赔偿诉讼，葡萄牙的公众诉讼，荷兰的准公众诉讼，德国的团体诉讼，法国的协会诉讼，意大利的普遍利益诉讼，日本的消费者团体诉讼，巴西的集合诉讼等……"[1]与英美法系国家相比，大陆法系国家对环保社会组织公益诉讼活动的态度较为保守，只在有限范围内和一定程度上认可其原告主体资格，这已是立法者、法院法官和法学研究者的基本共识。而英美法系国家则多以判例形式，放宽对环保社会组织提起公益诉讼的限制，如将损害结果从经济上的损害放宽至环境舒适的损害、将受害主体扩展至其成员受损即可、将违法行为定位于任何违反公民诉讼条款的环境法律或行政规章等。在我国，环保社会组织提起民事公益诉讼的合法性、正当性、合理性已然不是问题，然而，不同地区、不同类型、不同规模的环保社会组织如何为环境公益代言，以及其提起民事公益诉讼的具体程序规则等问题却成了环境公共利益能否真正得到有效维护的关键所在。

在检察机关、法律规定的机关和有关组织等众多环境公益代表主体中，环保社会组织的代表主体地位首当其冲。鉴于环保社会组织是多样性存在的，因此，依法有权提起民事公益诉讼的环保社会组织可能不止一家，这就有必要通过一定的诉讼前置程序对其环境公益代表主体资格进行筛选。尔后，作为环境公益法定代表主体的适格环保社会组织方能进入诉讼救济程序，提起民事公益诉讼。从法律视角来看，这其中涉及环保社

---

[1] 巩固："环境民事公益诉讼性质定位省思"，载《法学研究》2019年第3期。

会组织提起民事公益诉讼的基本法律问题,即环保社会组织这一概念在实体法和程序法上的法律定位,以及其作为环境公益代表主体的理论依据。为此,有必要在对现行立法进行考察的基础上,结合近几年环保社会组织提起民事公益诉讼的司法实践,对我国环保社会组织民事公益诉讼的有关制度规范予以健全和完善。

环保社会组织提起民事公益诉讼的程序规则主要涉及以下几个法律问题:一是多元公益代表主体间的顺位确定。横向而言是法律规定机关与环保社会组织之间环境公益代表主体资格确定的规则问题,纵向而言是多个环保社会组织之间环境公益代表主体确定的规则问题。二是环保社会组织提起民事公益诉讼的诉前程序设置,即由法院作为环境公益代表的判断主体,依据环保社会组织的申请,借助一定期限内的公告程序来确定具体的环保社会组织作为环境公益的代表主体。三是环保社会组织民事公益诉讼的请求范围和诉权行使边界。鉴于环保社会组织在民事公益诉讼中只是环境公共利益的诉讼代表主体,而并非实体权利享有主体,所以环保社会组织的诉讼活动应当仅限于对良好生态环境的救济维护,而无权对之进行实质性处分,除非它以法定形式获得了环境公益享有主体的明确授权。四是环保社会组织提起民事诉讼活动中的行为限制。环保社会组织只是诉讼利益的主张者,而非诉讼利益的享有者,其诉讼行为活动应当受到法定的约束和限制。

为确保环保社会组织民事公益诉讼取得良好的社会效果和环境效益,还需要对其配套制度进行建设。这些制度包括但不限于:其一,环保社会组织的分级分类规划设置制度,以确保其作为环境公益代表主体的针对性、秩序性和广泛性,从而实现其所要追求的环境公益秩序和效果。其二,环保社会组织登记主管机关与业务主管单位的"双重管理"协调制度。无论是现行的《社会团体登记管理条例》《民办非企业单位登记管理暂行条例》《基金会管理条例》，还是处于征求意见过程中的《社会组织登记管理条例（草案征求意见稿）》，都未改变对环保社会组织的"双重管理"规定。既然不能改变那就理应通过优化协调制度来减少双重管理对其发展的制约。其三，环保社会组织的联网信息化管理制度。在互联网+大数据时代，信息传递的跨域性、及时性、共时性往往会影响到环境公益维护的效果，以制度形式对其进行联网信息化管理可以做到事半功倍。其四，环保社会组织民事公益诉讼所获赔偿资金管理制度的建立健全。环保社会组织通过民事公益诉讼要求被告停止侵害、排除妨碍、消除危险、恢复原状之外，还往往会获得大笔的环境修复赔偿金。由于环境公益所有权主体和代表权主体具有二元性，因此该类赔偿金的保存、管理和使用应当实现制度化，以便于环境公益的及时、有效、完全维护。

总而言之，环保社会组织提起民事公益诉讼的法律问题主要涉及以下三个方面：环保社会组织作为环境公益代表主体的法律定位和制度安排，环保社会组织提起民事公益诉讼的具体程序规则设置，以及为确保环保社会组织民事公益诉讼目的实现而确立的配套制度的建设和完善。

第一章 中国环境民事公益诉讼的原告主体类型分析

顾名思义，所谓环境诉讼，是指法院审理的与环境有关的诉讼，该"环境"特指《环境保护法》所规定的概念，即"影响人类生存和发展的各种天然的和经过人工改造的自然因素的总体，包括大气、水、海洋、土地、矿藏、森林、草原、湿地、野生生物、自然遗迹、人文遗迹、自然保护区、风景名胜区、城市和乡村等"。法律上的环境是以人为中心的外部世界，而因环境污染或生态破坏致使环境受到损害或者有受到损害的危险引起的纠纷，被人们诉至法院寻求救济和解决，我们称之为环境诉讼。在我国，根据案件性质的差异，环境诉讼可以被分为环境民事诉讼、环境行政诉讼和环境刑事诉讼三类；而根据诉求利益属性的不同，诉讼又可以被分为环境私益诉讼和环境公益诉讼两类。环境私益的特征在于主体特定性、利益直接性、客体专享性；而环境公益的特征则是"主体数量的不特定多数性、客体性质的非排他性（整体联系性、不可分割性）、利益主体对利益客体的共用享用性（或共同受益性、共同需要性）"。[1]公益诉讼具体到环境民事诉讼案件，既包括环境民事私益诉讼，也包括环境民事公益诉讼，区分公益和私

---

[1] 蔡守秋：“环境公益是环境公益诉讼发展的核心”，载《环境法评论》2018年第1期。

益的标准在于原告与诉讼标的之间是否具有直接利害关系。前者是与案件有直接利害关系的当事人因其私人利益受损而向法院提起旨在救济自身合法权益的诉讼,其诉因是与具体人有关的人身、财产、精神的损害;而后者是法定主体因环境公益受损而作为公共利益的代表向法院提起旨在救济受损环境公益的诉讼,其诉因是环境污染、生态破坏等对公共环境利益的损害。

"环境公益诉讼是一种旨在救济一般公众共同遭受损害的诉讼形式。在这种诉讼中,作为公众成员的个体并没有遭受直接具体的损害,遭受损害的是全体公众的共同权利。因此,提起诉讼的原告都不是为了个人利益,而是为了社会公共利益,这在环境公益诉讼的目的、原告资格以及救济手段上都体现得淋漓尽致。"[1]在我国现有的诉讼规范中,依据《民事诉讼法》和《行政诉讼法》的规定,环境公益诉讼主要被区分为环境民事公益诉讼和环境行政公益诉讼两种。当然,随着我国环境公益诉讼司法实践的不断推进,在诉诸法院的司法实例中,环境私益诉讼与环境公益诉讼还有一种交叉存在的形态,这就是附带性环境公益诉讼案件,如环境刑事附带民事公益诉讼和环境行政附带民事公益诉讼。在以上诸多的环境公益诉讼案件类型中,环境民事公益诉讼是笔者将要探讨的对象,此类诉讼具有严格的限定条件,融民事、公益、环境三要素于一体。就中国环境民事公益诉讼的立法指向和法律实践而言,有资格提起诉讼的原告存在多元主体,既包括社会组织,也包括法定的国家

---

[1] 陈亮:"环境公益诉讼'零受案率'之反思",载《法学》2013年第7期。

机关，但不包括自然人个体。[1]然而，在具体个案中，规范性法律文件对上述三者提起诉讼时的资格取得、出任程序、顺序位次、相互关系等并未作出明确规定。为此，有必要从理论与实践、法理与制度等层面，对环境民事公益诉讼原告资格的各种类型进行探究，以促进其良性发展。

一、中国环境民事公益诉讼原告主体资格的法制现状

就我国有关环境民事公益诉讼原告的制度规范而言，对其作出相关规定的条文主要包括《民事诉讼法》《人民检察院组织法》《环境保护法》《海洋环境保护法》等确定环境民事公益诉讼原告主体类型的、由全国人大及其常委会通过并实施的法律，以及由最高人民法院、最高人民检察院发布并实施的《最高人民法院关于审理环境民事公益诉讼案件适用法律若干问题的解释》《最高人民法院、最高人民检察院关于检察公益诉讼案件适用法律若干问题的解释》《最高人民法院关于审理生态环境损害赔偿案件的若干规定（试行）》《检察机关民事公益诉讼案件办案指南（试行）》等贯彻落实环境民事公益诉讼原告提起诉讼程序问题的司法解释。

根据《立法法》第8条的有关规定，诉讼和仲裁制度必须制定法律予以规制。因此，作为一种环境民事诉讼，环境民事公益诉讼也应由法律这一效力位阶的规范予以规定。通过对全

---

〔1〕 此处，自然人个体作为一个法律概念包括自然人个人或由多个自然人联合而成的群体。排除自然人个体作为环境民事公益诉讼原告的理由在于，环境公益损害救济的实现是自然人这类私益性原告无法完成的，因为其无法摆脱自身利益的局限性，无法把环境私益和环境公益有效地区分开来。综合来看，具体原因包括：程序性法律规范的缺失；诉讼主体的私益偏好；讼争纠纷中公益与私益的难以混同；诉讼目的和诉讼请求侧重点的差异；诉讼过程运作机理路径的相逆；中国当前民众权利意识淡化和法制基础薄弱的国情；等等。

国人大及其常委会制定的法律以及规范性法律文件进行考察，明确环境民事公益诉讼的法律规定始自于2013年1月1日《民事诉讼法》的修订实施，该法在以往的法律条文中增设了第55条，开创性地对环境民事公益诉讼作出了规定，即"对污染环境、侵害众多消费者合法权益等损害社会公共利益的行为，法律规定的机关和有关组织可以向人民法院提起诉讼"。当然，关于"法律规定的机关和有关组织"的具体范畴，《民事诉讼法》并未给出相关的界定。之后，该法又于2017年7月1日再次进行了修订，在第55条原有规定的基础上增加了一个条款作为第2款，即"人民检察院在履行职责中发现破坏生态环境和资源保护、食品药品安全领域侵害众多消费者合法权益等损害社会公共利益的行为，在没有前款规定的机关和组织或者前款规定的机关和组织不提起诉讼的情况下，可以向人民法院提起诉讼。前款规定的机关或者组织提起诉讼的，人民检察院可以支持起诉"。因此，就我国现行法律规定而言，"环境民事公益诉讼被定位为一种原告资格扩张的侵权诉讼，在环境受损时由特定主体作为'代表'提起诉讼以追究加害者的民事责任，通过民事责任的填补功能实现对环境公益的救济"，[1]而有资格作为环境公益代表主体提起环境民事公益诉讼的原告存在多元化类型。严格来说，2013年1月1日之前，我国根本不存在涉及环境民事公益诉讼的法律规定，也就无所谓有权提起环境民事公益诉讼的法定原告了。

分析我国《民事诉讼法》第55条规定可知，有权提起环境民事公益诉讼的原告包括处于第一顺位的"法律规定的机关和有关组织"，以及处于第二顺位的"人民检察院"。从条文内容

---

[1] 巩固："环境民事公益诉讼性质定位省思"，载《法学研究》2019年第3期。

第一章　中国环境民事公益诉讼的原告主体类型分析

可以看出，检察机关作为特殊的国家机关是被单列于"法律规定的机关"之外的，其提起环境民事公益诉讼的法律授权来自于《人民检察院组织法》的规定。该法第 20 条明确规定了人民检察院"依照法律规定提起公益诉讼"的法定职权："作为国家机关之一，检察机关在人力、物力、智力等方面具有独特的资源优势，有利于确保调查取证的高效性和诉讼救济的及时性。与此同时，它还可以'公函'的形式寻求环保行政监管部门的配合，利用环境管理机关的资源实现对涉案证据的收集和鉴定。"[1] 与此同时，检察机关作为环境民事公益诉讼的原告还有自身的角色优势。"基层检察机关办理环境民事公益诉讼案件具有案件来源多、取证及时便利、可以与污染环境刑事案件相关联办理、能够及时制止环境污染、能够及时对环境污染组织修复等优势。"[2]

与法律规定的机关和有关组织相比较，检察机关提起环境民事公益诉讼的第二顺位是通过诉前公告程序来确定的。2018 年 3 月 2 日开始实施的《最高人民法院、最高人民检察院关于检察公益诉讼案件适用法律若干问题的解释》第 13 条规定："人民检察院在履行职责中发现破坏生态环境和资源保护、食品药品安全领域侵害众多消费者合法权益等损害社会公共利益的行为，拟提起公益诉讼的，应当依法公告，公告期间为三十日。公告期满，法律规定的机关和有关组织不提起诉讼的，人民检察院可以向人民法院提起诉讼。"这就意味着，检察机关在提起环境民事公益诉讼之前需要发布诉前公告，以确定处于第一顺

---

[1] 秘明杰："环境民事公益诉讼之检察机关主导模式研究"，载《成都理工大学学报（社会科学版）》2012 年第 6 期。

[2] 吴海潮、胡公枢："检察机关提起环境民事公益诉讼的问题检视"，载《中国检察官》2018 年第 4 期。

位的法律规定的机关和有关组织是否也要提起环境民事公益诉讼，只有在上述第一顺位民事公益诉讼原告未申报表明提起诉讼的前提下，检察机关方能获得环境民事公益诉讼的原告主体资格。与此同时，为具体地贯彻落实检察机关的诉前公告程序，最高人民检察院于2018年3月12日印发《检察机关民事公益诉讼案件办案指南（试行）》作为检察机关办理检察公益诉讼案件的指引。该指南对检察机关提起环境民事公益诉讼前的公告程序作了更为细致的规定，明确了诉前公告的具体事项为：第一，公告的范围和方式为全国范围内的各类媒体，如网站、微信、微博等；第二，适用的前提是破坏生态环境和资源保护致害行为损害社会公共利益的基本事实已查清、基本证据已收集到位；第三，公告的对象为法律规定的机关和社会组织；第四，公告的内容为破坏生态环境和资源保护领域损害社会公共利益或者有重大损害危险的基本事实，建议法律规定的机关和有关组织在公告期内向有管辖权的法院提起诉讼，公告期限为30日，公告信息包括联系人、联系地址、联系电话、公告单位、日期等；第五，公告的效力，检察机关已履行诉前公告程序的，人民法院立案后不再进行公告。

在我国现行的法律规定中，明确规定国家机关可以作为诉讼原告的法律规定是《海洋环境保护法》。该法第89条第2款规定："对破坏海洋生态、海洋水产资源、海洋保护区，给国家造成重大损失的，由依照本法规定行使海洋环境监督管理权的部门代表国家对责任者提出损害赔偿要求。"条文中的"行使海洋环境监督管理权的部门"是被法律明确赋予原告资格的主体，不仅如此，该条还明确规定了其所代表的主体是国家。除此以外，有关国家机关往往作为某种环境资源的所有者或管理者，继而取得相关法律授权而享有原告主体资格。如《海域使用管理法》第 3 条规定"海域属于国家所有，国务院代表国家行使海域所有权"；《水法》第 3 条规定"水资源属于国家所有。水资源的所有权由国务院代表国家行使"等。因此，当上述海域、水资源等环境要素因人为活动而遭受不利影响时，法律规定的机关作为国家利益的代表主体，有权作为原告向法院提起民事诉讼，以寻求相应的救济，从而避免人们基于环境要素所享有的利益损失。

此外，2019 年 6 月 5 日发布实施的《最高人民法院关于审理生态环境损害赔偿案件的若干规定（试行）》第 1 条第 1 款规定了"省级、市地级人民政府及其指定的相关部门、机构，或者受国务院委托行使全民所有自然资源资产所有权的部门"等有关政府职能部门可以提起生态损害赔偿诉讼的情形。与环境民事公益诉讼原告资格要求不同，上述政府职能部门若要提起生态损害赔偿诉讼，必须满足一定的前置条件，即拟提起生态损害赔偿诉讼的政府职能部门与造成生态环境损害的自然人、法人或者其他组织经磋商未达成一致或者无法进行磋商。生态损害赔偿诉讼所针对的情形包括：①发生较大、重大、特别重大突发环境事件的；②在国家和省级主体功能区规划中划定的重点生态功能区、禁止开发区发生环境污染、生态破坏事件的；③发生其他严重影响生态环境的后果的。

生态损害赔偿诉讼是随着我国生态损害赔偿制度改革的不断推进而探索出来的一种新型的诉讼形式，此类诉讼至今仍在不断探索的过程中。自 2015 年 12 月 3 日中共中央办公厅、国务院办公厅印发并实施《生态环境损害赔偿制度改革试点方案》以来，生态环境损害被确定为"因污染环境、破坏生态造成大气、地表水、地下水、土壤等环境要素和植物、动物、微生物等生物要素的不利改变，及上述要素构成的生态系统功能的退化"。经过2015年至2017年七省市改革试点推进后，中共中央办公厅、国务院办公厅又印发了《生态环境损害赔偿制度改革方案》，要求自2018年1月1日起生态损害赔偿制度在全国范围内推行。《最高人民法院关于审理生态环境损害赔偿案件的若干规定（试行）》正是在这样的背景条件下颁布实施的。依据该解释第16条和第17条的规定，生态损害赔偿诉讼与环境民事公益诉讼既有一定的区别，又有一定的联系。该解释第16条规定："在生态环境损害赔偿诉讼案件审理过程中，同一损害生态环境行为又被提起民事公益诉讼，符合起诉条件的，应当由受理生态环境损害赔偿诉讼案件的人民法院受理并由同一审判组织审理。"第17条规定："人民法院受理因同一损害生态环境行为提起的生态环境损害赔偿诉讼案件和民事公益诉讼案件，应先中止民事公益诉讼案件的审理，待生态环境损害赔偿诉讼案件审理完毕后，就民事公益诉讼案件未被涵盖的诉讼请求依法作出裁判。"由此看来，国家环境利益与公共环境利益之间存在一定的差别，仅就诉讼救济程序而言，以救济受损国家环境利益为目的的生态损害赔偿诉讼，是优先于以救济受损公共环境利益为目的的环境民事公益诉讼的。

对于《民事诉讼法》第55条所规定的"有关组织"的法定范畴，我国自2015年1月1日起开始实施的修订后的《环境保护法》予以明确。该法第58条规定："对污染环境、破坏生态，损害社会公共利益的行为，符合下列条件的社会组织可以向人民法院提起诉讼：（一）依法在设区的市级以上人民政府民政部门登记；（二）专门从事环境保护公益活动连续五年以上且无违法记录。符合前款规定的社会组织向人民法院提起诉讼，人民法院应当依法受理。提起诉讼的社会组织不得通过诉讼牟取经济利益。"该条文从三个方面对提起民事公益诉讼的"有关组织"进行了限定。其一是在民政部门注册登记的级别；其二是从事环境保护公益活动的时间与守法情况；其三是不得通过环境民事公益诉讼为自己牟取经济利益。然而，对于"法律规定的机关"的具体范畴，我国的《环境保护法》却未作出任何规定。

除上述几部法律对我国环境民事公益诉讼的原告主体资格予以规制外，其他法律规范少有涉及。为确保环境民事公益诉讼法律实践的顺利推进，最高人民法院、最高人民检察院以司法解释的形式对原告主体资格识别标准进行了细化。2015年1月7日起开始施行的《最高人民法院关于审理环境民事公益诉讼案件适用法律若干问题的解释》针对《环境保护法》第58条规定的有资格提起民事公益诉讼的、"符合条件的社会组织"进行明确：一是社会组织的类型，包括依照法律、法规在设区的市级以上人民政府民政部门登记的社会团体、民办非企业单位以及基金会等。二是设区的市级以上人民政府部门范畴，包括设区的市，自治州、盟、地区，不设区的地级市，直辖市的区以上人民政府。三是社会组织专门从事环境保护公益活动的判断标准，即社会组织章程确定的宗旨和主要业务范围是维护社会公共利益，且从事环境保护公益活动，社会组织提起的诉讼所涉及的社会公共利益应与其宗旨和业务范围具有关联性。四是社会组织无违法记录的判断标准，即社会组织在提起诉讼前5年内未因从事业务活动而违反法律、法规的规定并受到过行政、刑事处罚。上述情况由社会组织在提起环境民事公益诉讼时提交"社会组织登记证书、章程、起诉前连续5年的年度工作报告书或者年检报告书，以及由其法定代表人或者负责人签字并加盖公章的无违法记录的声明"等证明材料，对其原告适格情形予以证明。

二、中国环境民事公益诉讼原告主体资格的现实困境

依常理来判断，在环境质量状况日益恶化的情形之下，与环境民事公益诉讼原告资格有关的规范性法律条文越明确、越具体、越具有可操作性，与之相关的案件数量就越多、质量也越高。然而，事实却并非如此，与我国环境民事公益诉讼条款出台前的环境公益诉讼案例[1]相比，现行法律确认的三类民事公益诉讼原告提起诉讼的积极性和案件数量，非但未提升，反而在某种程度上呈现出了萎缩的迹象。在笔者看来，其根源在于原告主体资格规定的笼统性、多元性和无序性。

根据我国现有制度的规定，有资格提起环境民事公益诉讼的原告包括"法律规定的机关和有关组织"与"人民检察院"两类，且二者之间在提起诉讼时存在法定的先后次序。其诉讼顺位借助检察机关的诉前公告程序，以及法律规定的机关和有关组织在法定公告期内的诉权申报制度来确定。这在某种程度上解决了多元主体诉请法院寻求环境公共利益司法救济的冲突问题。冲突类型包括两种：其一是多元主体争相诉讼的积极冲突，即当前述两类原告都拟向法院提起诉讼时，检察机关作为

---

[1] "在《民事诉讼法》修改之前，我国各地法院探索式地受理了一些环境公益诉讼案件，取得了较好的社会效果。据不完全统计，截至2012年底，我国各级法院共受理环境公益诉讼案件55件。但从原告分布看，检察机关提起了17起，行政机关提起了22起，环保组织提起了8起，公民个人提起了6起，行政机关与环保组织共同提起了1起环境公益诉讼，相对而言，环保组织提起环境公益诉讼的比例是不高的。从审理结果看，检察机关和行政机关作为原告提起的环境公益诉讼，基本全部胜诉；环保组织作为原告提起的环境公益诉讼，除一起正在审理外，3起胜诉，1起撤诉，3起调解结案；公民个人作为原告提起的环境公益诉讼1起胜诉，其余败诉，其中3起裁定不予受理、2起裁定驳回起诉或判决驳回诉讼请求。"详见中华环保联合会、国际自然资源保护协会："民间环保组织在环境公益诉讼中的角色及作用"，载中国发展简报，http://www.chinadevelopmentbrief.org.cn/news-16773.html，访问日期：2020年2月17日。

第一章 中国环境民事公益诉讼的原告主体类型分析

第二顺位的原告应退出环境民事公益诉讼，或者改为支持环境民事公益诉讼；其二是多元主体均默不作声，置环境公共利益于不顾的消极冲突，即当处于第一顺位的法律规定的机关和环保社会组织无人提起环境民事公益诉讼时，由检察机关以民事公益诉讼原告身份提起诉讼。在诉讼中，上述多元原告虽然都扮演着环境民事公益诉讼原告主体的角色，但是其各自出任原告资格的机理、程序、诉求、法律依据、结果归属等却各不相同。就此，我国环境民事公益诉讼制度应当在设置原告主体资格时对其予以充分考虑，以确保环境公共利益获得较为周全的救济。而我国既有的制度安排目前尚缺乏对多元公益原告主体之间关系的合理规范，仍有待于环境民事公益诉讼司法实践推动制度规范不断完善。

在我国，随着环境法学者们理论研究的不断深入[1]和生态损害赔偿制度改革实践的不断推进，[2]目前与环境民事公益诉讼并行的一种新型诉讼形态——生态损害赔偿诉讼——正在试水推行，这使得我国以往按原告诉求利益类型划分的环境民事私益诉讼和环境民事公益诉讼之外，又多了一类生态损害赔偿诉讼，而且现行制度规范并未对以上多种类型诉讼之间的关系

---

[1] 早在环境民事公益诉讼条款出台前，就有学者针对生态损害不同于环境侵权之处，提出了单独设立生态损害赔偿诉讼的制度构想。其撰文指出："对于生态损害所具有的利益主体的不确定性和整体性特点以及生态损害诉讼费用巨大性、举证复杂性、知识专业性等特征，则完全可以通过设置单独的诉讼制度予以解决。"详见王世进、曾祥生："侵权责任法与环境法的对话：环境侵权责任最新发展——兼评《中华人民共和国侵权责任法》第八章"，载《武汉大学学报（哲学社会科学版）》2010年第3期。

[2] 2015年至2017年期间，中央办公厅、国务院办公厅印发《生态环境损害赔偿制度改革试点方案》（中办发［2015］57号），在七个试点省市开始生态损害赔偿制度改革；2018年，中央办公厅、国务院办公厅又印发了《生态环境损害赔偿制度改革方案》，在全国范围内试行生态损害赔偿制度。

作出较为妥当的设置。就最高人民法院发布的司法解释来看，环境民事公益诉讼与生态损害赔偿诉讼之间存在一定的交叉重叠，如提起以上两类诉讼的原告可能是相同的法定机关，或者就同一案件事实原告可能同时提起两种类型的诉讼。对于上述情形，最高人民法院的司法解释已经在程序设计上对两类诉讼之间的关系进行了一定的处置。环境民事公益诉讼与生态损害赔偿诉讼之间的并列关系已经具体体现在最高人民法院环境资源审判庭的案件数据统计之中。据统计："从2015年1月到2019年12月，全国法院共审环境公益诉讼案件5184件，其中社会组织提起的环境民事公益诉讼案件330件，检察机关提起的环境公益诉讼案件4854件……共审理生态环境损害赔偿诉讼案件73件。"[1]与此同时，从上述统计数据还可以看出，在环境民事公益诉讼案件中，只有社会组织和检察机关两种类型的原告，政府职能部门作为原告提起的诉讼被归入生态损害赔偿诉讼的范畴。"当然行政机关提起民事诉讼的前提是国家拥有对某些环境资源的所有权，而且法律授权某些行政机关代表国家行使起诉权。"[2]由此看来，在生态环境损害赔偿诉讼中，政府职能部门之所以有资格出任原告，是以自然资源所有权的代表主体身份以及管理主体身份提起诉讼的。然而，我国的制度规范目前并未就生态损害赔偿诉讼与环境民事公益诉讼、环境民事私益诉讼之间作出更为明确具体的规定，尤其是法定政府职能部门作为诉讼原告时提起不同类型诉讼的角色性质缺乏制度定性，这必将最终影响到其胜诉利益归属等后续安排事宜。

---

〔1〕 "2020年1月14日上午10:00最高人民法院第22至24批指导性案例新闻发布会全文实录"，载中国法院网：https://www.chinacourt.org/chat/fulltext/listId/52377/template/courtfbh20200114.shtml，访问日期：2020年1月30日。

〔2〕 胡静、姚俊颖："提起环境公益诉讼是环境监管部门的新职责"，载《环境经济》2013年第Z1期。

第一章 中国环境民事公益诉讼的原告主体类型分析

与生态损害赔偿诉讼的要求不同,依据民事诉讼法条文规定,法律规定的机关作为原告提起环境民事公益诉讼无须任何前置程序。而在环境民事公益诉讼中,法律规定的机关同时扮演了环境资源管理部门和环境公共利益代表的双重角色,然而,现行诉讼规范却未对之进行区分处理。这在某种程度上并不一定有利于对环境公共利益的维护。也有学者在早期环境民事公益诉讼的研究中明确否定了政府环保部门的原告主体资格,指出政府环保部门环境公共利益的维护,应当依循法定职权进行,现有职权不足以维护的,应当完善相关立法,促进其职能履行,而不宜赋予其环境公益诉讼起诉资格,将这一概念泛化。[1]反之,从国家机关的性质和职能来看,如果赋予其环境民事公益诉讼原告主体资格,那么它提起诉讼的时间无外乎三种情形:第一种情形是在行使具体的行政监管权之前提起诉讼,这不免给人以"不务正业"的感觉,毕竟国家机关的首要职责在于履行国家监督管理权力。第二种情形是在行使行政监管权的同时提起诉讼,这又会给被告(同时也是具体行政行为相对人)造成一种双重高压态势。与此同时,行政机关和人民法院在对环境损害行为的认定上可能存在出入,这又可能在某种程度上进一步造成行政执法与司法裁判之间的矛盾冲突。第三种情形是在行使行政监管权之后,如果行政监管权得以实施则环境公共利益得以维护,国家机关再代表环境公共利益提起民事诉讼似乎显得多余。[2]法定机关在用尽国家行政管理权之后,如果仍不能有效地维护环境公共利益,此时才是其提起环境民事公益

---

[1] 王小钢:"为什么环保局不宜做环境公益诉讼原告?",载《环境保护》2010年第1期。

[2] 秘明杰:"环境民事公益诉讼原告之环保机关的主体资格审视",载《内蒙古社会科学(汉文版)》2014年第1期。

诉讼的最佳时机。因此，法定机关向法院提起环境民事公益诉讼时，应当同时提交自身已经采取行政执法措施的证明材料，同时还应提供环境公共利益仍得不到有效维护的初步证明，方能具备提起环境民事公益诉讼的原告主体资格。

而此时，即便法定机关以平等民事原告主体的身份出现在环境民事公益诉讼之中，我们也应对其身份角色进行辨别分析。一方面，它是国家权力的拥有者，作为公共环境资源的所有权主体，代表国家行使监督管理权，对于环境污染或生态破坏等被管理主体所实施的违法行为，有权给予单方面的行政处罚，可以通过国家强制力的实施来实现对环境公共秩序的维护。另一方面，它是环境公共利益的代表主体，以平等民事主体的身份与污染环境或破坏生态的被告对簿公堂，作为与被告享有平等诉权的民事原告，借助法院的居中裁判和强制执行力来实现对受损环境公益的救济。前者是行政管理权的行使，属于国家机关的法定职责，乃其分内之事；而后者则属于诉讼请求权的范畴，理应是国家机关用尽执法措施后仍不足以救济受损环境公益时，才得以诉请法院寻求司法救济的情形。正如有关学者所做的恰如其分的比喻："如果环境行政机关连最基本的'分内工作'都无法完成，我们就更无法期待其圆满完成环境民事公益诉讼的'兼职工作'。试图借助民事诉讼机制补充环境行政监管的'无能'，只会进一步弱化环保机关本应独立承担的监管职责。"[1]

与法律规定的机关不同，环保社会组织成为民事公益诉讼原告主体的条件已经被《环境保护法》和《最高人民法院关于审理环境民事公益诉讼案件适用法律若干问题的解释》所肯定。

---

[1] 沈寿文："环境公益诉讼行政机关原告资格之反思——基于宪法原理的分析"，载《当代法学》2013年第1期。

而且，针对法律规定的机关和有关组织提起的环境民事公益诉讼案件，受理法院的公告程序规则也有了相关规定，其目的在于寻找有意以环境公共利益代表的身份作为涉诉案件共同原告的主体，从而避免由重复诉讼造成的讼累。但是，现行规范并未区分同样处于环境民事公益诉讼第一顺位的"法律规定的机关和有关组织"之间的关系，只是笼统地将二者列为共同原告。在民事公益诉讼中，虽然二者都是以环境公共利益代表的角色出任原告，但是鉴于二者的组织性质存在差异，它们在代表范围、诉讼目的、取证手段、诉讼能力、诉讼结果等方面各有不同。因此，将二者不加区分地列为环境民事公益诉讼的共同原告，由其诉诸法院寻求受损环境公共利益的司法救济并不妥当。这就有必要"通过特别法明确特定领域内的行政机关享有民事公益诉讼原告资格"，[1]同时还应对其提起环境民事公益诉讼的法定范围、职责权限、具体情形等事项作出明确规定。如前所述，环保社会组织出任民事公益诉讼原告的条件和程序已由相关规范予以规制，同时，环保社会组织的活动宗旨、业务范围、组织规则等事项由其组织章程予以确定。如此一来，可以有效地解决多元环境民事公益诉讼原告之间的积极冲突和消极冲突，明晰环境公共利益代表主体的法定责任，从而避免环境公益代表主体置环境公益受损于不顾情形的出现。

至于法律规定的机关和有关组织提起环境民事公益诉讼的顺位，应结合两类原告的自身特征进行一定的顺序排列，而不是简单地将其并列为共同原告。提起环境民事公益诉讼的同一顺位原告应该是相同类型的组织体，这就要求法律规定的机关、法律规定的有关组织、检察机关三类原告各自单列一个顺位。

---

[1] 张雨晨："中国民事公益诉讼原告资格问题浅析"，载《湖北经济学院学报（人文社会科学版）》2018年第1期。

就我国现行制度所确定的多元民事公益诉讼原告而言,"重点应放在鼓励支持社会组织提起环境民事公益诉讼。具体的办法和措施,可以采取鼓励符合条件的社会组织登记注册、为符合条件的社会组织筹集诉讼费用、提供法律咨询、支持起诉、给予社会组织及个人以荣誉、允许分得部分赔偿款用于其参与环境修复或公益活动费用等方式"。[1]有关环境民事公益诉讼原告主体资格顺位的条款,应当由《民事诉讼法》和《环境保护法》这两部法律作出统领性规定,明确不同类型民事原告之间的顺位规则。而不同类型的原告提起环境民事公益诉讼的具体程序,应当仿效最高人民检察院发布的《检察机关民事公益诉讼案件办案指南(试行)》的形式,分别由国务院发布《法定机关民事公益诉讼导则(或指南)》、民政部发布《社会组织民事公益诉讼导则(或指南)》,以统一规范全国范围内相同类型民事公益诉讼原告的行为活动。反观我国现行的制度规范,《民事诉讼法》中关于公益诉讼原告主体资格的条款过于宽泛,且不同原告主体间的顺位程序规则不够细化;《环境保护法》仅对社会组织提起民事公益诉讼的资格条件作出了规定,根本未提及法律规定的机关和检察机关这两类民事公益诉讼原告的起诉条件,这不利于其法定民事公益诉权的行使。与此同时,最高人民法院关于环境民事公益诉讼原告主体资格的司法解释是依据《民事诉讼法》和《环境保护法》制定并实施的,但上述两部法律对民事公益诉讼原告程序规则缺乏完备规定,这最终导致不同类型民事公益诉讼原告因缺乏制度依据而在诉讼实践中无所适从。

---

[1] 吴海潮、胡公枢:"检察机关提起环境民事公益诉讼的问题检视",载《中国检察官》2018年第4期。

三、中国环境民事公益诉讼原告主体资格的出任程序

随着人类社会科技的进步、经济发展和生活水平的提高，环境污染的速度、规模和形式也在不断扩张，沙尘暴、雾霾天气、跨区域水污染等危及社会公众权益的现象时有发生。然而，自然环境是一种公共资源，它不仅不能被任何人独占，而且为人类生存、生活、生产所必需，一旦受到破坏，必将危及公众权益，进而也必然会损及个人私益。因此，环境公益的维护离不开公众的积极参与，其参与形式、参与能力、参与规模、参与程度都影响着环保目标的实现。然而，谁才是环境公益的代表主体、谁有权追究环境致害者的法律责任、究竟如何来追究等都是环境公益能否得到有效维护的关键问题。

环境资源是典型的公共物品，是人类赖以生存和发展的物质条件，往往具有整体性、公有性、非独占性、不可量性等特征。因此，从性质上而言，人们所享有的环境利益属于公共资源的范畴，即环境公益。环境公益融资源环境与公众利益的公共特性于一体，简而言之即与环境有关的社会公共利益。"公共利益因为涉及不特定多数人的利益，因此常常处于无人管理状态，同时每个个体都会出于利己的本性而榨取公共资源，所以疏于管理的公共利益最易受到伤害而得不到救济。"[1]与其他公共资源相似，环境公益的所有主体是作为整体的社会公众，而其代表主体则往往处于缺位状态。近些年来，全国各地各级法

---

[1] 陶卫东："检察机关提起环境公益诉讼之原告资格探究"，载《中国检察官》2011年第5期。

院环境法庭的设立与环境案件的审理[1],大大推动了环境民事公益诉讼司法实践与理论研究的发展。从以往的司法案例来看,以原告身份代表环境公益提起环境民事诉讼的主体包括环境行政监管部门、环保社会组织和地方人民检察院三类。

诉讼是环境利益遭受损害或侵犯后的最终救济途径。"环境公益主要靠公法救济,这是世界各国的共通做法和普遍经验,也是现代环境法得以脱离民法独立发展的根本原因。"[2]鉴于我国目前环境民事公益诉讼制度仍处于实践摸索和理论探讨并行推进阶段。即便我国不同地方、不同级别、不同类型的环境民事公益诉讼实践已经有许多,但环境公益代表主体提起诉讼的程序问题仍在某种程度上制约着环境公益诉讼救济效果。依据我国《民事诉讼法》的规定,享有民事公益起诉权的主体不仅是多元的,而且它们相互之间有一定的顺位安排。对此,许多学者各持争议,认为应当结合我国现实国情和法制现状进行调整或重构。"多元起诉主体序位的安排是各起诉主体诉权行使的前提性问题,其重构应当在对已有研究科学评判、合理借鉴的基础上加以确定。根据制度构建的逻辑线索,只有基于正确的前提,以科学的理念为指导,以正确的方法为遵循才能最大限

---

[1] 据最高人民法院统计:截至2019年6月,全国共有环境资源审判机构1201个,其中环境资源审判庭352个,合议庭779个,巡回法庭70个。在高级人民法院中,有23家设立了环境资源审判庭,未设立的也会指定专门的合议庭负责业务指导。2014年6月以来,最高人民法院根据法律政策变化、社会经济发展以及法院案件审理等情况,经过组织推荐、文书评选、专家评审等筛选程序,年均发布3批典型案例,已经形成了环境资源审判典型案例的研究筛选、总结发布、成果转化以及中外交流的工作机制。资料来源于江必新:"认真学习贯彻习近平新时代中国特色社会主义思想 努力开创中国环境资源审判新局面——最高人民法院成立环境资源审判庭五周年工作情况通报"(2019年7月30日)。

[2] 巩固:"环境民事公益诉讼性质定位省思",载《法学研究》2019年第3期。

度地保障其价值及可操作性。"[1]环境公益诉讼的关键在于原告主体资格问题，也即谁来出任环境公共利益的适格代表。从理论上而言，存在于环境世界的自然人或单位，都是环境利益的关联主体，只有在确保环境公益不受侵害的前提下，才能实现各主体环境私益的真正享有。反之，对环境私益的维护最终可能使得环境公益顺理成章地得到救济，但这并非直接的、必然的。因为环境私益主体往往受制于自身利益的局限而忽视对环境公益的关注，在诉讼中，则具体表现为诉讼请求、诉讼目的、诉讼理由、诉讼结果归属等方面的差异。以环保社会组织提起的环境民事公益诉讼为例，作为原告的环保社会组织是众多社会组织类型之一种，"社会组织所具有的公益性、专业性是其符合环境民事公益诉讼原告主体资格的本质特征，也是司法实践对环境民事公益诉讼原告主体资格辨识的基础"。[2]为此，有必要在制度上明确环境公益的代表主体，该主体应严格区别于环境私益主体。在环境公益遭受侵犯时，由其作为代表主体诉诸法律渠道，追究侵害行为者的责任，并将环境公益恢复到受损前的良好状态。

在环境民事公益诉讼案件中，究竟谁才是适格原告？其出任原告资格的理由为何？如何确定适格原告的资格？确保适格原告进行顺利诉讼的保障措施有哪些？凡此种种，在多元起诉主体与环境公益相关性以及诉讼能力存在具体差异的情况下，环境民事公益诉讼若要取得既定的生态环境保护效率和效果，理应在多元化的原告主体之间进行一定的顺位安排，并明确其

---

[1] 余彦、马竞遥："环境公益诉讼起诉主体二元序位新论——基于对起诉主体序位主流观点的评判"，载《社会科学家》2018年第4期。

[2] 叶阳："社会组织提起环境民事公益诉讼主体资格辨识——从腾格里沙漠环境污染系列公益诉讼案展开"，载《法律适用（司法案例）》2017年第6期。

出任公益原告的具体标准和选定程序。当然，环境民事公益原告资格顺位的确定应当依据国家社会、经济、文化发展的实际水平来确定，也即现实条件允许、社会公益必需、法律技术可行。否则，不仅无法救济受损环境公益，而且会造成社会资源和司法资源的浪费。

就我国现行民事诉讼制度而言，享有环境民事公益诉讼原告资格的主体被正式确定为上述三类，法律条款内容表述为"法律规定的机关和有关组织"、检察机关这三类法律所确认的民事公益诉讼原告。以上主体并非诉讼案件的直接利害关系人，而是作为环境公共利益的代表，依据诉讼担当理论，为维护环境公共利益而享有诉讼主体资格。环保社会组织的原告主体资格是基于法律规定或者社会公众的授权才享有的，就其所诉的利益而言只是形式意义上的原告，而并非实质意义上的原告，换言之，它并非诉讼利益的归属主体。"然而，环境民事公益诉讼一方面在理论上承认诉权与实体权利的分离，鼓励'非利害关系人'对污染环境、破坏生态等损害公共利益的行为提起诉讼；另一方面又不得不考虑防止滥诉、提高司法效率、节约司法资源等现实难题。如何在两者之间作出合理平衡，成为原告主体资格制度设计和司法裁判的难点。"[1]多元原告在提起环境民事公益诉讼时的关系设置成了启动这一诉讼程序的关键所在，为此，有必要通过一定的规则来确定各适格主体出任原告的排序，以便于环境民事公益诉讼司法实践的顺利开展。

笔者认为，环保社会组织是提起环境民事公益诉讼的主要力量或者生力军，就其活动宗旨和历史使命来看，由其出任环境公共利益的代表主体最为合适。"在环境公益诉讼领域，以公

---

[1] 叶阳："社会组织提起环境民事公益诉讼主体资格辨识——从腾格里沙漠环境污染系列公益诉讼案展开"，载《法律适用（司法案例）》2017年第6期。

民社会为理论背景,透视治理现代化,强调环保组织的参与并非排斥政府、市场的力量,恰恰要突破法律规范下的常规思维——环境保护组织是提起诉讼的'唯一主体',运用社会治理的主体多元互动方式提供新思路。"[1]与法律规定的其他环境民事公益诉讼原告相比,"环保社会组织因其与社会成员个体的密切联系,使其彰显出超越'国家强制力量'和'个人利己主义'的'社会公益主义'的优势"。[2]由此看来,我国现行《民事诉讼法》规定"法律规定的机关"与环保社会组织一并享有民事公益起诉权,是特定历史时期的临时举措,是与我国正处于社会主义初级阶段的历史国情相适应的,也是目前我国环保社会组织欠发达时期的现实选择。"社会是独立于国家的另一种自治的共同体,与追求政治利益的国家不同,社会以经济关系为核心,靠社会成员之间的文化纽带联结,所以,社会利益的主要内容是经济利益和文化利益,以维护社会的自治和良性运转为目的,并且排斥国家的肆意干涉。总之,在社会与国家高度融合的情况下,社会利益与国家利益是重叠的,在社会与国家分离的情况下,社会利益与国家利益分别代表不同的利益领域,但都从属于公共利益。"[3]长久来看,法律规定的机关(尤其是环保机关)的民事公益诉讼原告主体地位终将被环保社会组织所取代。当然,检察机关始终应当扮演环境民事公益诉讼原告的替补角色,是环保社会组织和法律规定的机关这两类原告主体缺位时的公益诉讼原告。届时,检察机关可以依法定程序作为原

---

[1] 曾煌林、可文彤欣:"环保组织参与环境公益诉讼的困境与出路",载《辽宁工业大学学报(社会科学版)》2017年第1期。

[2] 余彦、马竞遥:"环境公益诉讼起诉主体二元序位新论——基于对起诉主体序位主流观点的评判",载《社会科学家》2018年第4期。

[3] 胡锦光、王锴:"论我国宪法中'公共利益'的界定",载《中国法学》2005年第1期。

告直接提起环境民事公益诉讼。

就环境民事公益诉讼多元原告的排序来看，环保社会组织处于第一顺位，是提起环境民事公益诉讼的核心力量，其在召集、设立、运营、管理模式等方面的成熟程度又进一步影响到了具体的诉讼成效。在法定环境公益代表主体缺位的当下，环境公益代表主体呈现出多元并存的格局。从公益代表的正当性和广泛性来看，环境公益的代表主体首推环保社会组织，[1]因为它超越了自然人、单位、国家甚至地区联盟的狭隘性，能够站在公众的角度维护环境公共利益。环保社会组织是以保护生态环境持续、稳定、协调发展为宗旨，为社会提供环境公益服务的非营利性社会组织，具有非政府性、非营利性、专业性与合法性等一般社会组织所具有的特征。"环保社团提起环境公益诉讼，无论是在英美法系国家，还是在大陆法系国家，都是通例，在司法实践中，产生了较为积极的影响，并且效果良好。"[2]在我国的司法实践中，以保护环境为宗旨的各类环境组织，曾多

---

[1] 在我国的早期官方文件中，环保社会组织属于社会团体的一种，我们一般称其为环保社团，或者环保团体。如于2005年12月3日发布的《国务院关于落实科学发展观加强环境保护的决定》指出："健全社会监督机制。……发挥社会团体的作用，鼓励检举和揭发各种环境违法行为，推动环境公益诉讼。"这也正是环保社会组织开始公益诉司法实践的政策依据，而这比《民事诉讼法》中环境公益诉讼条款的出台早了8年。尔后，在2006年10月，《中国共产党十六届六中全会公报》中正式提出"健全社会组织"。自此，我国开始正式使用"社会组织"的概念，这就为我们现在使用的环保社会组织的概念正了名。2014年5月，环境保护部（现生态环境部）办公厅《关于推进环境保护公众参与的指导意见》（环办〔2014〕48号）专门将"加大对环保社会组织的扶持力度"作为推进公众参与环境保护的一项主要任务来抓。直到2017年10月《决胜全面建成小康社会 夺取新时代中国特色社会主义伟大胜利——在中国共产党第十九次全国代表大会上的报告》5次提及"社会组织"一词，我国社会组织的发展开启了一个快速发展时期，这也为环保社会组织的日益发展创造了有利的外部环境。

[2] 李义松、苏胜利："环境公益诉讼的制度生成研究——以近年几起环境公益诉讼案为例展开"，载《中国软科学》2011年第4期。

第一章 中国环境民事公益诉讼的原告主体类型分析

次以环境公益代言人的身份积极维护环境公共利益。也正是在环保社会组织的不断努力下，我国的环境民事公益诉讼法制化才有了如今飞速发展的局面。

处于第二顺位的原告应当是环境资源管理机关，由其作为环保社会组织缺位时的补位型原告而享有环境民事公益诉权，是我国现阶段环保社会组织不健全、环境民事公益诉讼起步时期的过渡性举措。其实，在环境民事公益诉讼条款出台之前，环境资源管理机关以民事原告主体身份提起公益诉讼的司法实践已经在许多地方展开了。其诉讼依据主要来自于国家政策性文件和最高人民法院的司法解释，包括《农业部关于贯彻实施〈中华人民共和国水污染防治法〉全面加强渔业生态环境保护工作的通知》（农渔发〔2008〕13号）第5项内容规定的"（各级渔业行政主管部门）对于污染造成天然渔业资源及生态损失的，要积极代表国家提出赔偿或补偿损失要求，并督促落实资金和相关补救措施"；《最高人民法院关于为加快经济发展方式转变提供司法保障和服务的若干意见》（法发〔2010〕18号）第13项内容规定的"（人民法院）依法受理环境保护行政部门代表国家提起的环境污染损害赔偿纠纷案件，严厉打击一切破坏环境的行为"。在我国的环境公益诉讼司法实践中，"2007年贵阳市'两湖一库'管理局诉贵州天峰化工公司'立即停止对贵阳市红枫湖及其上游河流羊昌河环境的侵害，并排除妨碍、消除危害'的案件，由行政执法机关作为适格原告提起诉讼"。[1]此案堪称全国首起由行政机关提起的环境民事公益诉讼，从而开启了环境审判的"贵阳模式"。除此之外，"环保机关作为民事原告提起环境诉讼并得以立案、审理和判决的案件有：韩城市环保局

---

〔1〕 肖建国："环保审判的贵阳模式"，载《人民法院报》2011年7月7日。

诉韩城市白矾矿业有限责任公司案,东营市环保局诉吴某、淄博市周村华益溶剂化工厂重大恶意倾倒化工废水环境污染责任纠纷案件,贵阳市'两湖一库'管理局诉贵州天峰化工有限责任公司环境侵权案,共同原告曲靖市环保局（另外两共同原告是自然之友、重庆绿联会[1]）状告陆良化工铬渣污染索赔案,昆明环境保护局诉昆明三农公司、羊甫公司环境污染侵权纠纷案等。上述诉讼案件的立案时间均在新《民诉法》施行之前,除韩城市环保局诉韩城市白矾矿业有限责任公司案外,其他案件的法院判决时间也均在2013年新《民诉法》施行之前作出,且环保机关扮演的都是原告角色。为此,许多媒体报道均将其冠名为'环保机关提起的环境民事公益诉讼案件'"。[2]

  正是在各地各级法院有关司法实践的大力推动之下,在政府职能部门提起民事公益诉讼司法实践基础之上,我国《民事诉讼法》明确了"法律规定的机关"提起民事公益诉讼的原告主体资格。然而,环境民事公益诉讼条款出台之后,我国并未出现政府职能部门纷纷就受损环境提起民事公益诉讼的局面。相反,此时环保行政机关提起的民事公益诉讼案件数量远不及《民事诉讼法》修订之前,甚至在近几年,已经没有环保行政机关提起民事公益诉讼的案例了。笔者认为,缺乏明确"法律规定"的授权,是其放弃民事公益诉讼原告资格的重要原因。无论是在当时还是在现在,"'法律规定的机关'是否包含了负有环境保护职能的行政机关,法律和相关司法解释都没有给出确切的

---

  [1] 全称为重庆市绿色志愿者联合会,经重庆市民政局正式登记注册,是一家具有独立法人资格的非营利性民间环境保护组织。其宗旨是：宣传绿色文化、倡导绿色文明、推进环保运动、促进可持续发展。

  [2] 秘明杰："环境民事公益诉讼原告之环保机关的主体资格审视",载《内蒙古社会科学（汉文版）》2014年第1期。

答案,环保部门能否作为原告提起公益诉讼仍存在争论",[1]这一争论到现在都未能在具体制度规范上予以明确。依据行政法上"法无明文规定即为禁止"的行为原则,政府职能部门作为国家公权力的拥有者,其权限范围应来源于法的明确授权。这就意味着,在缺乏法的明确授权时,政府职能部门不能无视法律规定而擅自行事。

  与此同时,环保机关提起环境民事公益诉讼的数量之所以减少,还与我国自2015年开始的生态环境损害赔偿制度改革有关。依据改革方案的规定,国务院授权省级、市地级政府(包括直辖市所辖的区县级政府)作为生态环境损害赔偿权利人,其针对生态环境损害提起的诉讼被称为生态环境损害赔偿诉讼。直到2019年最高人民法院发布《最高人民法院关于审理生态环境损害赔偿案件的若干规定(试行)》之后,我国的环境民事公益诉讼和生态环境损害赔偿诉讼两种类型诉讼模式呈现出并行的状态。根据不同类型诉讼的规定,政府职能部门既有权提起环境民事公益诉讼,也有权提起生态损害赔偿诉讼。诉讼类型不同,对政府职能部门出任原告所做的要求也不一样,并且运作原理也有所差异。在生态损害赔偿诉讼中,政府职能部门是作为国家利益的代表主体出任原告的,且须以与致害行为人充分磋商为提起诉讼的前置条件;而在环境民事公益诉讼中,政府职能部门则是作为社会公共利益的代表主体出任原告的,不需要任何诉讼前置条件即可提起诉讼。就其司法实践来看,政府职能部门作为民事原告提起的诉讼更倾向于生态损害赔偿诉讼,而不是环境民事公益诉讼。

---

[1] 曾永华、张婧:"环境公益诉讼'低受案率'的困境及破解",载中国法院网:https://www.chinacourt.org/article/detail/2017/12/id/3131934.shtml,访问日期:2020年2月9日。

就环境资源监管机关（或称环保机关）本身的职责权限和机构性质而言，其属于国家权力机关，针对污染环境、破坏生态的违法行为，理应对违法者处以相应的行政处罚措施，而不是借助司法渠道寻求法院的民事救济。"在环境民事公益诉讼方面，第一顺位的原告主体仍为社会组织。以社会组织为原告的对污染企业提起的诉讼，能够充分保证当事人双方诉讼地位对等，确保诉讼结果的公平合理。"[1]环保机关是行使环境监管职权的国家机关，是环境行政执法机关，它拥有国家行政权力，可以对各种环境行为进行管理和控制。对于环境违法行为，环保机关应当给予行政处罚或者采取行政强制措施，这既是其权力也是其职责。否则，环保机关将承担环境监管失职的责任，其法律责任承担的原因是行政不作为或作为不当。"根据行政权的性质、行政机关的结构与功能来配置执法权的理由说明：这种可以代表'国家'并且有执法主体资格的行政机关，并不等于也能够代表'全体公民'享有环境民事公益诉讼的原告资格。"[2]公共利益总是相对于一定利益共同体而言的，从集体利益到国家利益再到社会利益，利益关涉主体的广泛性是逐步扩张的。在环境利益方面，国家环境利益与全体国民环境利益并不总是保持一致的。当二者之间发生利益冲突时，作为国家政府组成部门的环保机关，必然倾向于国家环境利益，因为它始终无法摆脱自身利益的局限性，也就很难作为公众环境利益的代言人而提起环境民事公益诉讼。如此来看，环保机关作为国家环境利益的代言人，出任生态环境损害赔偿诉讼案件的原告

---

〔1〕 李天相等："我国社会组织作为环境公益诉讼原告主体的本土特性"，载《中国环境管理干部学院学报》2016年第4期。

〔2〕 沈寿文："环境公益诉讼行政机关原告资格之反思——基于宪法原理的分析"，载《当代法学》2013年第1期。

第一章 中国环境民事公益诉讼的原告主体类型分析

更为合适。

"在国外，对公共利益的关注、对实质正义的追求以及对环境危机的关心，往往对推进环境公益诉讼的发展起到了关键的作用。"[1]无论是谁作为原告提起环境公益诉讼，其前提都必须是环境公共利益遭受损害。环境公共利益属于社会公共利益的表现形态之一，具有公共利益的共性特征，即利益归属主体的整体性、不特定性和广泛性。在环境民事公益诉讼中，被告往往是环境资源开发利用者，或者是污染物质排放者，其之所以被诉至法院是因为其环境行为损害了环境公益。而在环境行政管理关系中，一方是环境资源管理者——环保机关，即具体环境行政行为人，处于行政管理主体地位；与之相对应的另一方则是具体环境行政行为相对人，处于被管理主体的地位。环保机关一旦取得民事公益诉讼原告主体资格，其与相应的具体行政行为相对人便会具有同等的民事法律地位，理应适用民事法律制度的相关规则。"行政机关提起环境公益诉讼，即是允许行政机关通过诉讼的方式实现其行政职能，本质上是在扩张行政机关的权力，挤压公民的权利，而这是与现代行政法的控权、限权理念背道而驰的，不仅不能发挥对行政机关的制约作用，而且还成为行政机关规避责任的一种制度性工具，故不应赋予行政机关原告资格。"[2]

面对受损的生态环境，拥有国家行政管理职权的行政机关可以通过直接行使管理权力而对实施环境侵害的主体行为人实施行政制裁。就环境保护的效果和效率而言，这远比行政机关

---

[1] 王庆峰：《美、印环境公益诉讼启示与研究》，载《北方经贸》2013年第3期。

[2] 龚学德：《环境公益诉讼的角色解读与反思》，载《河南师范大学学报（哲学社会科学版）》2013年第2期。

以民事公益原告主体身份诉请法院寻求司法救济来得更为直接和高效。毕竟，行政机关在环境民事公益诉讼中的角色是原告，它与被告是平等民事主体之间的关系。这决定了它无法对环境致害行为人采取行政强制措施或者行政处罚措施。这也就意味着，即便行政机关获得法院的支持而取得了胜诉结果，也不一定能使受损的生态环境获得及时、有效的救济。因为环境民事公益诉讼的关系架构实质上是民事诉讼程序中当事人之间的关系架构，一旦遇到败诉的环境民事公益诉讼被告不执行法院裁判情形，胜诉的行政机关只能向法院申请强制执行。相比之下，环保机关行政管理权力的实施效果远比环境民事公益诉讼取得的救济效果要好。"从各国的发展实践来看，具有应急性特征的命令控制手段往往在环境质量的改善上，能够更为快速地显效，尤其是当相关法律赋予这些命令手段以强制性时，其改善效果将更加显著。"[1]倘若出任环境民事公益诉讼的原告，作为代表"国家环境利益"的行政机关必须超越自身所代表利益的局限性，继而才能成为"社会环境利益"的代表主体。无论是"国家环境利益"还是"社会环境利益"都属于"公共利益"的范畴。"公共利益是针对某一共同体内的少数人而言的。共同体的规模大到整个国家、社会，小到某一个集体。其实，公共利益的关键并不在于共同体的不确定性，而在于谁来主张公共利益。"[2]环境民事公益诉讼原告资格的确定标准和规则，正是为环境公共利益的维护和主张服务的。环保机关（尤其是具体到某一级、某一地的环保机关），其所代表的公共利益往往与国家

---

[1] 黄娜、杜家明："社会组织参与环境公益诉讼的优化路径"，载《河北法学》2018年第9期。

[2] 胡锦光、王锴："论我国宪法中'公共利益'的界定"，载《中国法学》2005年第1期。

第一章　中国环境民事公益诉讼的原告主体类型分析

利益重合，而与社会利益存在一定的差别。社会利益应当以德国学者纽曼（F-J. Neumann）《在公私法中关于税捐制度、公益征收之公益的区别》一文中的"不确定多数人理论"来解释，也就是"公共的概念是指利益效果所及的范围，即以受益人的多寡的方式决定，只要大多数的不确定数目的利益人存在，即属公益，强调在数量上的特征"。[1]

与前两者相比，检察机关是处于第三顺位的原告，其诉讼原告位置属于候补地位。随着环境问题的出现和司法实践的推行，"检察机关作为'最高法律秩序和道德秩序的代表'，在保护公益的口号下，也由原来只承担刑事诉讼职权，逐步承担了在民事、经济等方面作为公益代表人向法院提起诉讼的职责"。[2]依据我国现行法律的规定，检察机关在提起环境民事公益诉讼前，应当履行诉前程序，以确保只有处于其顺位之前的"法律规定的机关和有关组织"不提起环境民事公益诉讼时，其方能取得民事公益诉讼的原告主体资格。检察机关提起环境民事公益诉讼的诉前程序设计可以有效地解决民事公益诉讼个案原告之间争相出任原告或者互相推诿无人出任原告的现实困境。根据有关规定，检察机关可依据法定程序向社会发出诉前公告，或者向负有法定公益代表职责的潜在原告提出检察建议，通过上述

---

〔1〕　陈新民：《德国公法学基础理论》，山东人民出版社2001年版，第185~186页。

〔2〕　山东省青岛市李沧区人民检察院公益诉讼课题组："人民检察院提起公益诉讼的立法研究"，载《法学杂志》2009年第9期。该文认为其理论依据有二：一是程序当事人理论，"德、日、英、法、美等国的法律明确规定，公益诉讼中的检察官作为职务上和公益上的当事人，为维护国家利益或社会公共利益实现时被赋予当事人的资格，从而将检察官归属于对他人的实体权利义务或者财产不拥有管理权或者处分权的法定诉讼担当人之列"；二是正当当事人理论，"检察机关从其性质与法律地位上看，是成为维护国家与社会公利益的最佳代表者。符合'诉的利益'要求，因此检察机关在提起公益诉讼时可以成为正当当事人"。

程序最终确定提起环境民事公益诉讼的原告。"诉前程序机制不完善或规定不明确,可能影响环境民事公益诉讼的取证和起诉实践,最终影响环境民事公益诉讼的诉讼效果。"[1]根据最高人民检察院于2015年12月24日发布的《人民检察院提起公益诉讼试点工作实施办法》,人民检察院在提起民事公益诉讼之前,应当履行诉前程序,依法督促法律规定的机关提起民事公益诉讼,或者建议辖区内符合法律规定条件的有关组织提起民事公益诉讼。同时,依据最高人民检察院于2019年2月24日公布实施的《人民检察院检察建议工作规定》,公益诉讼检察建议是人民检察院发出检察建议的主要类型之一。经检察建议后,仍无人就环境污染或生态破坏提起民事公益诉讼时,检察机关则可经由一定的公开、公示、公告程序自行出任民事公益诉讼的原告。依据2018年3月2日起施行的《最高人民法院、最高人民检察院关于检察公益诉讼案件适用法律若干问题的解释》的规定,人民检察院拟提起环境民事公益诉讼的,应当依法向社会发出为期30日的诉前公告,公告期满,法律规定的机关和有关组织不提起诉讼的,人民检察院可以向人民法院提起诉讼。

四、中国环保社会组织民事公益代表主体的首位性分析

环境民事公益诉讼的诉求是为受损的环境公共利益寻求民事司法救济,以期将受损的环境公共利益恢复到受损之前的良好状态。"环境公益诉讼的最终目标并非是解决当事人之间的民事权益争议,而是要将受损的生态环境修复到损害发生之前的状

---

[1] 吴海潮、胡公枢:"检察机关提起环境民事公益诉讼的问题检视",载《中国检察官》2018年第4期。

第一章 中国环境民事公益诉讼的原告主体类型分析

态和功能。"[1]其中，环境公益诉讼所指向的环境公共利益，是公共利益在环境资源领域的一种具体表现形态，简而言之是不特定多数人所享有的环境利益。"根据环境以及公共利益的特殊性，环境公益可以被认为是不特定多数主体所享有的一种环境权益，其不同于一般公共利益的特征在于具有整体性、多元性和发展性。"[2]依据环境利益归属主体的差异，我们一般把不特定多数人所享有的环境利益称为环境公益，而将自然人个体以及特定多数人所享有的环境利益称为环境私益。二者之间是有差别的，环境公益属于社会利益的一种表现形态，其享有主体是不特定的社会公众，环境私益的享有主体则是特定个人或特定公众。与此同时，二者之间又是有联系的，环境私益与环境公益之间同样也是互为依赖、共生共存的关系。与之相适应，自然人个体与环境共同体之间的互动关系，类似于个体与集体之间的关系。"社会利益的主体是公众，即公共社会。社会公共利益的主体既不能与个人、集体相混淆，也不是国家所能代替的，尽管社会利益表现在权利形式上，其主体可以是公民个人、法人、利益阶层或国家。"[3]也就是说，自然人个体是一定区域范围内人的共同体的组成部分，多数个体的生存性环境利益融会后便形成整体的生存性环境利益，二者之间虽然形式相似但却存在本质上的不同。整体的生存性环境利益是抽象的、不可替代的，是所有个体性利益存在的基础，却又不能由任何个体自然人成员代为主张。即便是在该生存性环境利益受到侵犯时，

---

[1] 王旭光、王展飞："中国环境公益诉讼的新进展"，载《法律适用》2017年第6期。

[2] 林煜："社会组织参与环境公益诉讼的困境与进路"，载《黑龙江生态工程职业学院学报》2019年第5期。

[3] 孙笑侠："论法律与社会利益——对市场经济中公平问题的另一种思考"，载《中国法学》1995年第4期。

同样如此，这也致使所谓的"公益主体缺位"现象常常发生。"环保组织作为环境民事公益诉讼的主体具有自身优势，从主体的广泛性和正当性而言，环保组织超越个人、政府、国家甚至地区联盟的利益狭隘性，能够站在公众的角度去维护环境公共利益。"[1]

"总体上而言，集体与个人是一种共生共长、共荣共衰的关系，集体的发展保证了个人的发展，个人的发展也促进着集体的发展，个人利益与集体利益在根本上是一致的，这也是集体主义得以形成的前提、基础。在绝大多数情况下，集体利益与个人利益是一致的，但二者之间并不总是一致的，也会出现不一致甚至冲突的情况，此时需要恰当处理集体与个人之间的关系。"[2]与之类似，环境公益和环境私益之间的关系同样如此。而作为利益载体的环境是一种公共资源，这意味着环境利益具有普遍性和广泛性。环境利益受损表现为环境污染或生态破坏等环境问题。而从实质上来看，环境问题是社会法则与自然法则之间矛盾冲突的结果，其外在表现形态是环境污染或生态破坏等，其内在价值损失意味着某种环境功能被破坏或丧失，这往往会导致人类生存利益的减损，具体表现为某一特定区域、某些特定社群环境公共利益损害。"对于公共利益的'受益主体'问题，均只能确定其大致范围，而无法精确地确定其个体对象。"[3]鉴于环境利益的公共性，一旦其遭受损害，往往会出现代表主体缺位的尴尬。"公共利益是多主体或多群体利益、多

---

[1] 栗楠："环保组织发展困境与对策研究——以环境民事公益诉讼为视角"，载《河南大学学报（社会科学版）》2017年第2期。

[2] 肖霞、马永庆："集体与个人间权利与义务的统一——集体主义的本质诉求"，载《道德与文明》2017年第2期。

[3] 刘学在：《民事公益诉讼制度研究——以团体诉讼制度的构建为中心》，中国政法大学出版社2015年版，第50页。

第一章 中国环境民事公益诉讼的原告主体类型分析

层次利益的组合，其实现前提是各种利益得到充分代表和各种利益诉求得到有效伸张，这必然有赖于利益主体及其代表在法律实施机制中获得主体资格以启动法律程序……只有可以独立启动法律程序的主体，才能在司法机关面前有机会维护自己所代表的那部分利益。"[1]目前，无论是我国的《环境保护法》，还是《民事诉讼法》，以及其他相关法律规范，均未对环境公益代表主体作出具体、明确、具有可操作性的规定。"当个人对环境的非排他利益不足以作为其寻求救济的依据时，学者尝试在观念上构建一个被称为'公众'或'社会'的超越个人的集合性群体，吸收个人对环境的利益，成为'排他'享有对环境利益的'主体'。"[2]因此，就利益归属而言，自然人个体所享有的环境利益属于私益的范畴，而由众多自然人集合成的整体——社会公众所享有的环境利益属于公益的范畴。社会公众作为一个抽象的群体，是无法亲自主张环境权益的，只能通过某种法律拟制主体来实现公众对环境利益的享有，所以，区分环境公益享有主体与代表主体非常必要。

环境公益依托于客观的物质环境而存在，与环境因素的功能多样性、地理联系性、生态系统性等特征密切相连。从宏观来看，环境公益归属于社会公众这一整体，无法在社会个体中进行分割；从微观来看，环境公益关乎每一社会个体，又并非社会个体环境私益的简单相加。社会公众只不过是环境公益的抽象主体，是环境利益的最终归属者。按着不同标准，环境公益的代表主体有多种类型。"在理论上，环境主体包括个体性主

---

〔1〕 胡静：《环保组织提起的公益诉讼之功能定位——兼评我国环境公益诉讼的司法解释》，载《法学评论》2016年第4期。
〔2〕 周珂、林潇潇：《论环境民事公益诉讼案件程序与实体法律的衔接》，载《黑龙江社会科学》2016年第2期。

体、社会聚落、社会区域、社会地理系统（主权国家）、人类世界等不同层次的实际类型。具体来说，个体性主体特别是个人，因为其生物性存在，必然占有一定环境，因而与其环境密不可分；社会聚落又分为乡村与城镇两类；社会区域主体的空间尺度伸缩性极大，一般大于单个聚落；社会地理系统也就是主权国家主体，由于其公设（主权政府）全方位的单极公益性质，从而成为人类文明史上极为重要的一类环境综合主体。最后，所有类型的人类主体与其所占据的地球表层空间环境共同构成'人类世界'，这是人类环境综合主体的最大规模与最高整合形式。"[1]然而，在具体制度层面，对于环境公益的代表主体究竟是谁，由谁来救济受损的环境公益以避免"公地悲剧"的发生，却缺少具体、明确的规定，这种现象就是我们所称的环境公益代表主体缺位。"当发生环境损害而又没有人为之寻求救济之时，社会组织作为环境保护领域中特殊的主体可以很好地负担起职责，较之公民个人的微博力量，社会组织作为一个团体可以同心协力，集结整合自身力量提起公益诉讼。较之行政机关和检察机关所要处理事务之繁重，社会组织承担的并没有那么多那么重的任务。因此，在环境诉讼领域应当积极推动社会组织作为原告，为受害者求助，为国家分忧。"[2]

在环境民事公益诉讼中，作为原告的环保社会组织其实是环境公共利益的代言人。"在环保组织提起的环境公益诉讼中，环保组织只要能证明其宗旨中所要维护的环境要素利益受到或即将受到不法行为的侵害，就可以认定该组织维护的环境公益

---

[1] 窦学诚：《环境经济学范式研究》，中国环境科学出版社2004年版，第94页。

[2] 林煜："社会组织参与环境公益诉讼的困境与进路"，载《黑龙江生态工程职业学院学报》2019年第5期。

第一章 中国环境民事公益诉讼的原告主体类型分析

受到影响,从而获得原告资格。"[1]这是环保社会组织取得民事公益诉讼原告主体资格的核心要件,除此之外,环保社会组织的民事公益诉讼原告主体资格还需要符合成立时间期限、注册登记情况、合法活动情况等限制性条件。从适格的民事诉讼当事人这一角度来看,环保社会组织是民事公益诉讼的启动主体,也就是程序意义上的当事人。但就诉的利益归属来看,环保社会组织却并非民事公益诉讼所诉求利益的归属主体。换言之,环境民事公益诉讼实体利益的归属主体是涉诉环境公共利益的享有主体——环境共同体,而并非环境民事公益诉讼的启动主体——环保社会组织。"实践表明,无论何种形式的共同体,只要在人数上达到一定规模,或在空间上超过一定距离,都无法通过直接民主的方式进行管理,也无法保证平等协商和自由沟通,不得不通过代议制的形式作出决策,并授权科层制的等级体制进行管理。"[2]而环保社会组织是以生态环境整体或某种生态环境要素或某种生态环境功能等为活动宗旨和目标的,并且是不以营利为目的的环境公益性组织。环保社会组织特性化的组织形态有利于多种社会资源的集结和利用,从而能够有效地实现其组织活动的愿景、使命与目标。就我国环境民事公益诉讼发展的理论研究和司法实践来看,环保社会组织所扮演的历史角色以及所做的推动工作都是不容忽视的。"一个国家或地区的环保社会组织数量的多少,能够反映一个国家或地区公众参与环保的程度;环保社会组织发挥作用的大小,也能够反映其公众参与环保水平的高低。在我国,目前最为活跃、影响最大、独立性最强、得到

---

[1] 赵莹、陆阳、季托:"培育引导环保社会组织参与环境事务的思考",载《世界环境》2014年第1期。

[2] 高鸿钧:《现代法治的出路》,清华大学出版社2003年版,第310页。

认可程度最高的社会组织正是环保社会组织。"[1]在环保社会组织推动环境民事公益诉讼发展这一点上，我国环境民事公益诉讼与美国公民诉讼的发展过程极为相似。对于美国的公民诉讼，法国学者托克维尔曾作出过经典评价。他认为："所有的美国人不论年龄大小、境况的好坏、意向的异同，都经常不断地结为社团组织。为各自如宗教、道德甚至是无聊的、严肃的目的聚在一起，这种高度发达的社会组织极大地推动了美国公民诉讼的发展进程。"[2]我国的环境民事公益诉讼虽然与美国的公民诉讼有着实质性差别，但是在环境公共利益的维护方面，这两种诉讼形式却异曲同工。就诉讼启动主体而言，两种诉讼所提起的都是一种利他性诉讼，其目的都在于对环境公共利益的维护和救济。

就我国现行环境保护法律规范而言，因环境公益受损而诉诸法院寻求救济的代表主体包括法律规定的机关和有关组织以及检察机关。其中，在环境民事公益诉讼原告主体资格的顺位上，法律规定的机关和有关组织处于同一顺位，且优先于检察机关。此处的"法律规定的机关"也就是法定的政府职能部门，而"有关组织"往往是指以保护环境及其生态功能为活动宗旨的环保非政府组织，也就是环保社会组织。"相比政府，民间环保社会组织具有生态中心性（打破地域利益主义，一切以生态位中心）、横向网络性（组织结构不是科层化，而是横向化）以及贴近生活性（把环保与生活结合起来，在微观方面有优势），因此在环保事业中有着不可替代的作用。"[3]因此，环保社会组

---

[1] 康宗基："试论中国社会组织的兴起及其伦理意蕴"，载《大连海事大学学报（社会科学版）》2012年第4期。

[2] [法]托克维尔：《论美国的民主》（下卷），董国良译，商务印书馆1988年版，第636页。

[3] 宋言奇："我国民间环保社会组织的模式分析及其扶持策略——以苏州为例"，载《青海社会科学》2016年第2期。

织以其独特的活动宗旨、组成人员、管理模式、运营方式等优势成为代表环境公益的首选主体。在环境公共利益的维护方面，环保社会组织的功能主要体现在以下三大领域，"一是发挥社会倡导功能，动员公众支持环保；二是直接参与环境治理，实施专业技术治理；三是在政策网络中发挥作用，推动或监督政府改革环境政策"。[1]一旦环保社会组织的上述功能在环境公共利益维护方面无法达到既定的环保目标，则可转而依托民事公益诉讼这一公力救济程序，诉请法院判令造成生态环境不利影响的致害行为人承担相应的法律责任。与另外两类民事公益诉讼原告（法律规定的机关、检察机关）相比较，环保社会组织的非政府性和公益性使之在民事公益诉讼中能够更好地保持中立，继而更有利于实现对环境公共利益的维护。国家机关在某种程度上难免会受到其所代表的国家利益的限制和影响，继而在环境公共利益的维护方面有所偏向。这一点可以从美国学者罗斯科·庞德的利益三分类中得到解释。在庞德看来，利益分为个人利益、公共利益和社会利益三类。[2]环境民事公共利益所指向的应该是庞德所说的与社会生活相关的社会利益范畴，而不是与政治生活相关的公共利益范畴，对于后者，我们往往称之为国家利益。在环境民事公益诉讼中，社会环境利益与国家环境利益应当予以区分，即便在我国二者之间在绝大多数时间和场合是一致的，但是在具体价值取向上，二者之间还是有所差别的。"国家利益可以为民法上规定的民事主体代行其利益，但是，社会利益不能为哪一民事主体所代表，只能由社会权利和

---

[1] 嵇欣："当前社会组织参与环境治理的深层挑战与应对思路"，载《山东社会科学》2018年第9期。

[2] 详见［美］罗斯科·庞德：《法理学》（第3卷），廖德宇译，法律出版社2007年版，第18~19页。

社会利益的代表着,即社会组织,来行使社会权利,代表社会公共利益。"[1]就目前我国制度设计的趋势来看,对于国家环境利益的司法救济,应当由国家政府职能部门作为原告提起生态损害赔偿之诉;而对于社会环境利益的司法救济,则应当由社会公共利益的代表主体提起环境民事公益诉讼。

---

[1] 朱凌珂:"环境民事公益诉讼中原告资格的制度缺陷及其改进",载《学术界》2019年第12期。

第二章 环保社会组织民事公益诉讼的基本问题探讨

一、环保社会组织民事公益代表主体的法律定位

环保社会组织是社会组织[1]的一种存在形态，又称环保民间组织、环保非政府组织、环保非营利性组织，它依法建立，以保护环境为宗旨，以实现人与环境的共同可持续发展为目标，不以营利为目的，不具有行政权力并为社会提供环境公益性服务。在我国日益完善的现代环境治理体系中，环境治理主体呈现出多元化的发展趋势，环保社会组织作为多元环境治理主体之一，已经发展成为独立于政府和市场之外的第三种环保力量，是我国生态文明建设不可或缺的重要力量。"作为介于国家与社会、国家与公民之间的一种社会中介性质的组织，社会组织可以将分散的个人自愿和能量聚集在一起，把个人拥有的自然权力汇集成公共权力，形成组织化的权力制约力量，使民间的零

---

[1] 在我国，社会组织这一概念最早是从2006年10月《中国共产党第十六届中央委员会第六次全体会议公报》开始使用。该公报提出"健全社会组织"，而在此之前我国官方文件中一直以"民间组织"对其予以称谓。社会组织的概念有广义和狭义之分。广义的社会组织指具有共同活动目标的全体形式，包括氏族、家庭、秘密团体、政府、企业等；狭义的社会组织是为实现某个特定目标而有意识地组合在一起的社会群体，对应于西方传统意义上的非政府组织（NGO）或者非营利性组织（NPO）。详见雷苗苗："探析社会组织民事公益诉讼主体资格的建构"，载《社科纵横》2018年第7期。

散呼声变为团体的诉求……"[1]从组织形式上来看,环保社会组织的运营模式主要包括环保社会团体、环保基金会和环保社会服务机构三种形式,无论是哪种形式的环保社会组织,都具有非营利性、生态公益性、志愿服务性等特征。提起环境民事公益诉讼,是环保社会组织参与生态环境保护的方式和手段之一。"环保组织作为环境民事公益诉讼的重要参与者,以原告身份直接提起环境民事公益诉讼,促进法律的实施,同时可以监督环境民事公益诉讼判决的执行,在一定程度上发挥出弥补政府失灵和参与社会治理尤其是环境治理方面的作用。"[2]在我国,早期的环保社会组织主要来自于民间,依据其召集方式主要包括四种类型:一是由政府部门发起组建的环保民间组织,如中华环保联合会、中华环保基金会、中国环境文化促进会,各地环境科学学会、环保产业协会、野生动物保护协会等;二是由民间自发组成的环保民间组织,如自然之友、地球村,以非营利方式从事环保活动的其他民间机构等;三是学生环保社团及其联合体,包括学校内部的环保社团、多个学校环保社团联合体等;四是港澳台及国际环保民间组织驻大陆机构。[3]综合来看,我国环保社会组织的活动集中在以下几个方面,即推广宣传环境知识、促进公众积极参与政府部门的环境决策、参与环保政策实施、监督企业落实环保责任、开展环境公益维权活动等。为促进环保社会组织的健康、有序发展,2017年1月26日我国环境保护部(现生态环境部)和民政部联合发布了《关于加强对环保社会组

---

〔1〕 康宗基:"试论中国社会组织的兴起及其伦理意蕴",载《大连海事大学学报(社会科学版)》2012年第4期。

〔2〕 栗楠:"环保组织发展困境与对策研究——以环境民事公益诉讼为视角",载《河南大学学报(社会科学版)》2017年第2期。

〔3〕 参见中华环保联合会:"中国环境民间组织发展状况报告",载《环境保护》2006年第10期。

织引导发展和规范管理的指导意见》(环宣教［2017］35号)。

如上所述，受制于我国现行环保社会组织管理规定的限制，环保社会组织经依法注册登记方能取得合法地位，按其存在形式和运作模式分为环保社会团体、环保非营利性组织和环保基金会三类。从发起原因来看，环保社会组织的设立形式包括应急设立与常规设立两种。所谓应急设立是以突发环境事件为契机，有针对性地设立临时环保社会组织，如设立环境恢复救济基金会用于实现对受害环境的恢复和救济。在2011年康菲石油中国有限公司发生渤海湾溢油事故发生之后不久，为应对日益高发的海上溢油、溢气事件，中国海洋石油总公司向民政部递交了成立中国海油海洋环境与生态保护公益基金会的申请。该基金会不同于康菲石油中国有限公司业已设立的渤海湾赔偿基金会和环境基金会，其性质属于公益性基金，重在支持海洋环境和生态保护，将用于海洋环境与生态保护、海洋环境生态科学研究与技术开发、支持与海洋有关的国际交流与合作以及其他慈善公益项目等四个主要领域。常规设立则是环保热心人士或企业未雨绸缪，基于应对多发或频发环境问题的考虑而设立，尤其是针对影响范围广、规模大、后果严重的环境问题。该类组织往往以常设的形式存在。如我国首任国家环境保护局局长、全国人大环境与资源保护委员会原主任委员曲格平教授捐出了他在联合国环境与发展大会上获得的10万美元奖金，以此为基础资金设立了中华环保基金会。《中华环保基金会章程》第3条规定："本基金会的宗旨是：'广泛募集、取之于民、用之于民、保护环境、造福人类'。所募资金和物资，用之于表彰和奖励在中国环境保护事业中做出突出贡献的组织和个人，资助和开展与环境保护相关的各类公益活动及项目，促进中国环境保护事业的发展。"

在我国，根据发起主体不同，人们一般把民间组织发起设立的环保社会组织称为草根环保社会组织,该类组织主要由环保热心人士、企业等发起设立;与草根环保社会组织相对应的是官办社会组织,该类组织包括由政府部门发起设立的环保科学学会、环保产业协会等,或者由街道和社区扶持成立的环保服务中心,[1]接受政府的指导和管理。"与草根环保社会组织相比,由政府自上而下推动成立的社会组织在登记注册的社会组织中所占比例会更大一些,发展过程中获得的资源也会更多一些。"[2]然而,在环境民事公益诉讼方面,草根环保社会组织的积极性要比官办社会组织的积极性高。"据调查,只有30%的政府支持下建立的环保社会组织愿意通过环境公益诉讼来维护公民的环保权益,绝大一部分有政府背景的环保组织还是受制于政府的行政权力,不愿提起环境公益诉讼。"[3]对于环保社会组织的监管,我国实行业务主管单位与登记管理部门的双重管理体制,这大大提高了登记注册的门槛,使得大量环保社会组织因无法在民政部门登记注册而不具有合法地位。上述双重管理体制造成了大量的制度性浪费,以至于限制了环保社会组织在总体数量上的增长,继而影响到了有权提起环境民事公益诉讼环保社会组织规模的扩展。环保社会组织在我国的发展历程呈现出"自上而下"由政府部门引导发展的本土化特征,许多早期在民政部门登记注册的环保社会组织,往往是由政府部门发

---

[1] 从社会影响力上来看,官办环保社会组织主要服务于政府、街道和会员单位,与市民联系较少,民众动员能力不强;草根环保社会组织内部管理完善、活动经常、影响力大的较少。参见余中平、洪嘉一:"杭州环保社会组织的培育发展研究",载《浙江树人大学学报(自然科学版)》2018年第2期。

[2] 郑琦:"社会组织监管:美国的经验与启示",载《社会主义研究》2013年第2期。

[3] 曾煌林、可文彤欣:"环境组织参与环境公益诉讼的困境与出路",载《辽宁工业大学学报(社会科学版)》2017年第1期。

起设立的，这与我国政府自上而下推动环境保护的总体格局相适应。毕竟，由于受到一定时期内经济社会发展具体状况的限制，我国社会公众自发的环保意识和权利意识尚待提升。因此，发达国家那种民众自下而上推动政府进行环境保护的运营模式，在我国并不适用。环保社会组织的发展壮大必须结合我国的现实国情，由其提起的环境民事公益诉讼也得符合我国现阶段的环境法制实际状况。就我国已有的环保社会组织而言，在环境保护乃至环境民事公益诉讼方面，"比较活跃的环保民间组织，有中华环保联合会、自然之友、地球村、污染受害者法律帮助中心、公众环境研究中心、绿家园、达尔问、绿色流域、阿拉善SEE生态协会等。如中华环保联合会目前每年提起10起左右环境公益诉讼案件"。[1]

在环境民事公益诉讼中，环保社会组织所诉求的是环境公共利益，该利益是由不特定人群共同享有的与自然环境相关的利益，具体内容包括以下四个层面：首先是基于环境而产生的维护人类生存与发展的基本利益；其次是基于环境而产生的可以满足人类更高层次生活享受的利益；再次是人们享有的能够实现科学研究、生态保护等方面的利益；最后是满足后世发展需要的环境资源利益。[2] 鉴于环境利益的公共性，环保社会组织所代表的是不特定多数人的环境公共利益，其诉求和目的在于将受到损害的自然环境恢复到生态良好的状态。作为环保社会组织的发起者，公众比政府更能代表不特定多数人的环境公益。从环保社会组织与公众的关系来看，"公众以捐款或志愿服

---

[1] 别智："环保社会组织：环境公益诉讼的主力军——兼论《环境保护法》修改应当纳入环境公益诉讼"，载《环境经济》2012年第12期。

[2] 参见顾向一："受司法保护的公共利益界定标准及完善——基于环境民事公益诉讼农耕判决的分析"，载《学海》2019年第6期。

务的方式参与社会组织的运作,同时又作为社会组织的服务对象存在,因而公众本身与社会组织的联系更为紧密,也有动力对其行为进行监督"。[1]随着我国服务型政府改革的推进,政企分开、政资分开、政事分开、政社分开的行政体制正在逐步形成。"我国环保社会组织在数量上已经形成了相当规模。但是相对于我国现存的环境形势而言,力量仍显不足,主要原因在于各地有关政府部门和社会公众对环保社会组织的社会功能认识不清,造成环保社会组织的发展面临人员、资金、政策以及制度支持等障碍。"[2]根据政社分开、权责明确、依法自治的现代社会组织体制发展要求,环保社会组织的发起设立应当弱化政府的主导作用,强化社会民众主动作用,以大力彰显环保社会组织的代表性、自律性和服务性。为此,国家应当通过一系列制度规范,必要时可以"考虑制定出台《环境保护公众参与行动指南》或者《环保社会组织活动法》,突出明确环保NGO的地位和作用,规范参与的范围和程序"。[3]从而一方面确保民众申请设立环保社会组织的程序规范和实际成效,另一方面优化改进政府职能部门自上而下引导培育环保社会组织的发展路径。"如何发挥自愿性这一公益和非营利事业的本来特征是我们必须注意和改进的,一是应当使民间自发的公益组织和其他非营利组织更容易获得正式的法律地位,二是逐步对现有政府色彩较浓的那些公益和非营利组织进行改造,增强他们的独立性,提

---

[1] 郑琦:"社会组织监管:美国的经验与启示",载《社会主义研究》2013年第2期。

[2] 李祥祥:"我国环保社会组织的生态治理功能定位",载《华北电力大学学报(社会科学版)》2016年第5期。

[3] 赵莹、陆阳、季托:"培育引导环保社会组织参与环境事务的思考",载《世界环境》2014年第1期。

高他们脱离政府自我生存的能力。"[1]

从形式上而言,环保社会组织的发起者应当通过电视、电台、网络等多种媒体,以书面形式向社会表明其环保立场,以招募同道环保热心人士、环保志愿者、环保积极单位等成员加入和社会捐赠资金注入,并在时机成熟时组织召开环保社会组织成立预备大会,讨论组织章程和职责,选举临时负责人员,为申请设立准备条件。从实质上而言,环保社会组织发起者应当综合考量各种能力问题,以预判环保社会组织的成立时机及其成立后的活动效果。具体来说,"民间环保社会组织应当拥有自己的政策方案提出的能力,拥有自己的环境污染防治技术的研究能力,拥有去协助和帮助国家政府环保部门从事环境监督管理的执法手段研究等方面的一些能力。拥有这些能力才使得民间环保社会组织有能力切实起到教育和引导公众,促进公众参与;推动和帮助政府来实施一些环保政策;监督和帮助企业更多地关注环保的作用"。[2]针对我国现行《民事诉讼法》的笼统规定,有必要就环保社会组织的召集设立、审批管理、诉讼提起等运作模式进行研究,以促进理论界和实务界对环保社会组织的认识和了解,继而推动其对环境公共利益进行及时、充分、有效的维护。在环境民事公益诉讼中,对于社会公共利益的诉求是其不同于传统诉讼的特殊之处,而环保社会组织是作为社会公共利益代表主体的身份出现的。"因环境公共利益具有普惠性和共享性,没有特定的法律上的直接利害关系人,有必要鼓励、引导和规范社会组织依法提起环境公益诉讼,以充分

---

[1] 马昕:"日本公益法人改革探析",载《社团管理研究》2008年第9期。
[2] 张谧、赖江山:"民间环保社会组织在中国",载《生命世界》2007年第6期。

发挥环境公益诉讼功能。"[1]

二、环保社会组织民事公益诉讼的立法考察

在我国，环保社会组织提起环境民事公益诉讼的法律依据为《民事诉讼法》第55条对"法律规定的机关和有关组织"的规定，以及《环境保护法》第58条对提起民事公益诉讼社会组织的条件限制规定。除此之外，法律规范或司法解释基本都是在为上述条款做注脚，以确保法律条文具有可操作性、可执行性。上述规定的刚性在于"法律规定"，即依据《民事诉讼法》和《环境保护法》的硬性规定要求：环保社会组织在一定级别以上民政部门注册登记，从事环境公益活动年限持续5年以上，且未因从事业务活动受到行政、刑事处罚，提起诉讼不以营利为目的。与之相应，对于提起民事公益诉讼环保社会组织的柔性规定在于"有关"，其判断标准曾在"腾格里沙漠环境污染公益诉讼系列案"的多次审理中被明确。

从广义的立法来看，我国环保社会组织民事公益诉讼的立法肇始于2005年，时任全国政协委员梁从诫先生[2]向全国政

---

[1] 最高人民法院案例指导工作办公室："《中国生物多样性保护与绿色发展基金会诉宁夏瑞泰科技股份有限公司环境污染公益诉讼案》的理解与参照——社会组织是否具备环境民事公益诉讼原告主体资格的认定"，载《人民司法》2018年第23期。

[2] 除全国政协委员的身份之外，梁从诫还是我国第一家环保社会组织——自然之友——的创始人之一，同时也是自然之友的创会会长。自然之友成立于1994年3月31日，它是中国第一个在国家民政部注册登记的民间环保团体（现在称为环保社会组织），作为中国文化书院的分支机构，其别称为"中国文化书院·绿色文化分院"。也有人认为，我国最早成立的环保社会组织是1978年5月成立的中国环境科学学会。自然之友自成立以来就以环境公共利益的维护为使命，它是最早呼吁在中国建立健全环境公益诉讼制度的民间组织，是第一次全国性的环境影响评价听证会的推动者，也是环境公益诉讼主体资格放开的推动者。2005年，就在梁从诫先生向全国政协提出《建立健全环保公益诉讼制度》提案的当年，他也荣获了"绿色中国年度人物"奖。

第二章 环保社会组织民事公益诉讼的基本问题探讨

协第十届三次会议提交了一份提案,呼吁建立环境公益诉讼,提案主题为《建立健全环保公益诉讼制度》。在提案中,梁先生指出:社会团体(现在称为社会组织)为了社会公共利益,可以以自己的名义,向司法机关提起诉讼;并应在我国《环境保护法》中明确其原告主体地位,当公共利益受到侵犯时其享有提起诉讼的权利。[1]自此,环保社会组织民事公益诉讼进入到了理论研究、个案探索和立法呼吁并行的开始阶段。"法律和司法解释对环境民事公益诉讼主体制度作出相关规定,是将适格主体应当具备的公益性和专业性这一相对抽象特征转化为具体规则的过程。这一过程必然受到社会发展现实的影响。如法律法规对社会组织的规范性要求、社会组织在我国的发展现状等,都是制定规则所必须考虑的因素。"[2]

环保社会组织提起环境民事公益诉讼的实践首先是由行政管理部门推动的。我国的最高行政机关——国务院——曾于2005年12月3日发布《关于落实科学发展观 加强环境保护的决定》。该文指出要"健全社会监督机制,发挥社会团体的作用,鼓励检举和揭发各种环境违法行为,推动环境公益诉讼",明确了环保社会组织推动环境公益诉讼的主体作用。从上述文件的表述中我们可以看到,当时的官方文件并未使用"社会组织"的概念,而是使用了"社会团体"这一概念。而且,鉴于那时我国环境公益诉讼缺失的法制状况,国务院的文件中的措

---

[1] "梁从诫:建立健全环保公益诉讼制度",载中国人民政治协商会议全国委员会网站:http://www.cppcc.gov.cn/2011/10/25/ARTI1319532934281415.shtml,访问日期:2020年2月12日。

[2] 最高人民法院案例指导工作办公室:"《中国生物多样性保护与绿色发展基金会诉宁夏瑞泰科技股份有限公司环境污染公益诉讼案》的理解与参照——社会组织是否具备环境民事公益诉讼原告主体资格的认定",载《人民司法》2018年第23期。

施使用了"推动环境公益诉讼",而不是"提起环境公益诉讼"。就语义表达来看,"推动"一词涵盖的范畴远大于"提起",前后二者是包容和被包容的关系。环保社会组织提起环境民事公益诉讼,意味着在环境民事公益诉讼中,环保社会组织是以原告主体身份出现的,它在公益诉讼中扮演着诉讼当事人的角色。环保社会组织推动环境民事公益诉讼不仅仅限于以原告身份提起诉讼,其还可以支持起诉单位的角色参与诉讼,或者以实施环境损害调查、评估、鉴定、修复等行为的第三方中介身份参与诉讼。

环保社会组织提起环境民事公益诉讼的立法实践是伴随着地方法院环境资源审判庭的实践尝试进行的。自2007年开始,我国无锡、贵阳、昆明等地的人民法院就开始了对环境民事公益诉讼的试点工作。如2007年贵阳出台的《贵阳市中级人民法院关于设立环境保护法庭的实施方案》和《关于贵阳市中级人民法院环境保护审判庭 清镇市人民法院环境保护法庭案件受理范围的规定》确认了社会团体的民事公益诉讼原告主体资格;2008年11月5日,云南省昆明市公安局、中级人民法院、人民检察院、环境保护局联合制定出台的《关于建立环境保护执法协调机制的意见》规定"有关社会团体"可以向人民法院提起环境公益诉讼;2009年5月13日出台的《云南省高级人民法院全省法院环境保护审判建设及环境保护案件审理工作座谈会议纪要》明确了环保社会组织的民事公益诉讼原告主体地位,即"在我国境内经依法设立登记的,以保护环境为目的的公益性社会团体,可以作为环境公益诉讼的原告,向法院提起环保公益诉讼";2011年2月24日,玉溪市中级人民法院和玉溪市人民检察院联合发布的《关于办理环境资源民事公益诉讼案件若干问题的意见(试行)》规定"环境资源保护社团组织可以作为环境资源民事公益诉讼的起诉人"。这一时期环保社会组织环境民事公益诉讼的法制探索主要是在基层人民法院,而且多数地方法院均在司法实践方面见长,而以规范性文件确定环保社会组织原告主体资格者却较少。就文字表述而言,有的称为"有关社会团体",有的称为"公益性社会团体",有的则称为"环境资源保护社团",并未形成统一的环保社会组织这一概念。

在环保社会组织提起环境民事公益诉讼法治实践中,海南省高级人民法院在2011年1月份设立了专门的环境资源审判庭,成为全国首个在高级人民法院设置环境资源审判庭的试点单位。为确保环境民事公益诉讼的规范性,海南省高级人民法院于2011年7月25日发布实施《海南省高级人民法院关于环境资源民事公益诉讼试点的实施意见》(琼高法〔2011〕6号),明确规定了有资格提起环境民事公益诉讼的6类主体。该意见第6条规定"从事环境保护、社会公益事业和社会公共服务的法人组织"是有权出任环境公益诉讼原告的主体;第10条规定了环保社会组织可提起公益诉讼的案件范围,即上述社会组织"为保护社会公共利益,对污染损害环境资源的民事违法行为,可以向人民法院提起环境公益诉讼"。从海南省高级人民法院的实施意见来看,环保社会组织作为原告提起的环境民事公益诉讼是代表社会公共利益的诉讼,且社会利益和国家利益是相一致的,其"诉讼利益归国家所有,上缴财政"(第16条)。与之相配套,海南省高级人民法院与海南省财政厅又于2011年9月发布实施了《海南省省级环境公益诉讼资金管理暂行办法》。该办法正式设立了省级环境公益诉讼专项资金,规定因环境公益诉讼产生的案件受理费、申请费、调查取证费、鉴定费、勘验费、评估费等由省级财政拨款予以支持,从而解除了环保社会组织提起环境民事诉讼的"高额环保诉讼费用"之忧。

2010年6月29日，最高人民法院印发了《关于为加快经济发展方式转变提供司法保障和服务的若干意见》（法发［2010］18号）。该意见指出："在环境保护纠纷案件数量较多的法院可以设立环保法庭，实行环境保护案件专业化审判，提高环境保护司法水平。"这一指引性措施规定肯定了人民法院在面对各类新型环保案件时的司法能动性，从而为环保社会组织提起环境民事公益诉讼的法律实践提供了发展契机。许多省份的人民法院都纷纷设立专门的环境资源审判庭或者环境审判合议庭，尝试新型的环境保护案件审判模式改革。环境保护法庭是推动环境民事公益诉讼发展进步的重要因素，它们敢于突破当时的《民事诉讼法》对原告主体资格的限制性规定（与案件有直接利害关系当事人才有资格提起民事诉讼），大胆赋予与案件无利害关系的环保社会组织以原告资格。就此，我国的法律规定虽然缺乏明确的规定，但是它们仍然与时俱进、革故鼎新，尝试对环保社会组织提起的诉讼案件予以受理立案。环境利益的公共性、人民法院的司法能动性，以及环保社会组织的积极性，以上几种因素的共同作用推动了我国环境民事公益诉讼条款的理论研究和实践立法。2010年12月10日，我国当时的环境保护部专门出台了《关于培育引导环保社会组织有序发展的指导意见》，明确指出环保社会组织"在提升公众的环保意识、促进公众的环保参与、改善公众的环保行为、开展环境维权与法律援助、参与环保政策的制定与实施、监督企业的环境行为、促进环境保护的国际交流与合作等方面发挥了重要作用"，确定了我国引导环保社会组织健康发展的目标和原则，并通过政策扶持改善其外部发展环境和自身能力建设，从而引导环保社会组织健康、有序发展。

2011年10月24日，《民事诉讼法（修正案草案）》被提交

第二章 环保社会组织民事公益诉讼的基本问题探讨

十一届全国人大常委会第二十三次会议初次审议。该草案增加了民事公益诉讼条款,针对污染环境损害社会公共利益的行为,社会团体有权向人民法院提起诉讼。自此开始,环保社会组织的原告主体资格以草案中"社会团体"的概念被提上立法议程。此后,2012年4月24日,经第十一届全国人大常委会第二十六次会议第二次审议后,环保社会组织的民事公益诉讼原告主体被冠以"有关社会团体"之名列入拟修订的《民事诉讼法》条文。最后,2012年8月31日,经第十一届全国人大常委会第二十八次会议第三次审议后,环保社会组织的民事公益诉讼原告主体资格最终被法律予以确认,以"法律规定的机关和有关组织"的表述被列入修订后的《民事诉讼法》并向社会公布。自2013年1月1日修订后的《民事诉讼法》正式实施开始,环保社会组织获得了法律上的民事公益诉讼原告主体资格。

然而,修订后实施的《民事诉讼法》虽然明确了环保社会组织的法定公益原告身份,但却并未出现环保社会组织环境民事公益诉讼案件井喷的情况。相反,《民事诉讼法》虽为环保社会组织出任民事公益诉讼原告提供了法律依据,但由于法律规定具有原则性和笼统性,致使人民法院在审理相关案件时往往采取比较谨慎的态度。由于环境民事公益诉讼具体实施规则或相应司法解释缺失,许多法院往往会把环保社会组织拒之门外,对其提起的环境民事公益诉讼不予受理或置之不理。这其中既包括为解决新型环境诉讼而专门审理环境资源审判庭的法院,也包括以往(《民事诉讼法》公益诉讼条款出台之前)积极认可环保社会组织民事公益诉讼原告主体资格并判决支持其公益诉讼请求的法院。自2013年《民事诉讼法》修订之后至2014年《环境保护法》修订之前,环保社会组织提起环境民事公益诉讼的司法实践仍处于艰难的探索阶段。与此同时,环境民事公益诉讼原告主体的明细化规定,尤其是环保社会组织的原告资格条件,也逐渐成为人们期待法律规范作出调整的方向。不仅如此,修订后的《民事诉讼法》公布之后,正式生效实施之前,曾有学者专门撰文对法院审理的民事公益案件进行评价和指引,就"法律规定的机关和有关组织"这一条款进行分析和解读。例如,2012年12月7日《人民法院报》第4版署名高民智的《关于民事公益诉讼的理解与适用》一文,对具有民事公益诉讼原告主体资格的环保社会组织条件进行了细化解读。[1]该文对我国民事公益诉讼条款的理性解读,在某种程度上为各级各地人民法院的公益诉讼实践提供了指引,继而推动了有关法律条文的出台。但遗憾的是,在《民事诉讼法》公益诉讼条款生效实施后的整整一年时间里,环保社会组织作为原告提起的所有环境民事公益诉讼案件,没有一件被法院立案审理。不过,随着环保社会组织的不懈努力,我国环境民事公益诉讼的实践活动和立法尝试一直在砥砺前行。

---

[1] 此文关于环保社会组织民事公益诉讼原告主体资格条件的原则性判断,与后来正式出台的法律规定和相关司法解释较为契合。该文认为,"法律规定的机关和有关组织"这一条款中,"法律规定的"仅限制"机关",而不限制"有关组织"。综合分析有关立法资料和立法工作者的释义可知,立法本意并不强调"有关组织"须由法律规定,而是说明"至于哪些组织适宜提起公益诉讼,可以在制定相关法律时作出进一步明确规定,还可以在司法实践中逐步探索"。这就在实际上放宽了环保社会组织出任民事公益诉讼原告主体的资格条件。文章还就出任民事公益原告的环保社会组织的条件进行了分析,指出:关于"有关组织"的范围,需要人民法院在司法实践中逐步探索确定。鉴于司法实践经验不足,有关社会组织的技术力量、诉讼能力等情况参差不齐,为保障在维护社会和谐稳定的前提下有序、有效开展公益诉讼,建议人民法院目前原则上先探索受理具备以下条件的有关组织所提起的民事公益诉讼:①依法登记成立的非营利性环境保护组织或者消费者协会;②按照其章程长期实际专门从事环境保护或者消费者权益保护公益事业;③有专职环境保护、消费者权益保护专业技术人员和法律工作人员10人以上;④提起的诉讼符合其章程规定的设立宗旨、服务区域、业务范围。详见高民智:"贯彻实施新民事诉讼法(二)——关于民事公益诉讼的理解与适用",载《人民法院报》2012年12月7日。

第二章 环保社会组织民事公益诉讼的基本问题探讨

《民事诉讼法》中的民事公益诉讼条款出台之后，我国开始在《环境保护法》的修改中积极探索与之相适应的公益诉讼条款。2013年6月26日，自第十二届全国人大常委会第三次会议第二次审议《环境保护法（修正案草案）》开始，该修正案草案把中华环保联合会限定为唯一一家有权提起环境公益诉讼的环保社会组织，即"对污染环境、破坏生态，损害社会公共利益的行为，中华环保联合会以及在省、自治区、直辖市设立的环保联合会可以向人民法院提起诉讼"。之后，2013年10月21日第十二届全国人大常委会第五次会议第三次在审议《环境保护法修正案草案》时，扩大了有权提起环境公益诉讼的环保社会组织范围，规定"对污染环境、破坏生态，损害社会公共利益的行为，依法在国务院民政部门登记，专门从事环境保护公益活动连续五年以上且信誉良好的全国性社会组织可以向人民法院提起诉讼"。最终，2014年4月24日，第十二届全国人大常委会第八次会议第四次审议通过了《环境保护法（修正案草案）》，把出任环境公益诉讼原告的环保社会组织限定为符合以下条件的社会组织："（一）依法在设区的市级以上人民政府民政部门登记；（二）专门从事环境保护公益活动连续五年以上且无违法记录；（三）不得通过诉讼牟取经济利益。"至此，环保社会组织的民事公益诉讼原告主体地位在《民事诉讼法》和《环境保护法》两部法律中得到了确认，这是其以非利害关系人身份提起民事公益诉讼的法定依据来源。

与修订后的《民事诉讼法》不同，在《环境保护法（修正案）》正式实施之前，我国最高人民法院为确保环境民事公益诉讼案件审理工作的顺利开展，于2014年6月23日下发了《关于全面加强环境资源审判工作 为推进生态文明建设提供有力司法保障的意见》（法发［2014］11号），专门就充分保障有关组织民事公益诉权的问题作出了规定，对于环保社会组织提起的环境民事公益诉讼，符合起诉条件的应当依法、及时受理立案。与此同时，最高人民法院又于2014年7月专门下发了《最高人民法院关于在部分地方人民法院推进环境民事公益诉讼审判工作的指导意见》（法［2014］166号），确定将江苏、福建、云南、海南、贵州5个省作为开展环境民事公益诉讼的试点地区。环保社会组织在上述试点地区法院提起的环境民事公益诉讼案件悉数被受理立案，并经审理后顺利实现了维护环境公共利益的诉讼目的。许多典型的环境民事公益诉讼案例正是在这些试点省份形成的，如江苏省泰州市环保联合会1.6亿余元的"天价"环境公益诉讼案、福建省南平市中级人民法院审理的"新环保法环境公益诉讼第一案"等均是如此。它们多以指导性案例的形式成了其他地区法院环境资源审判庭案件审理的典范。

在修改后的《环境保护法》正式实施之后，为确保法院审理环境民事公益诉讼案件标准的一致性、规范性和标准性，我国最高人民法院还专门就环境民事公益诉讼出台了相应的司法解释。这就是于2015年1月7日发布的《最高人民法院关于审理环境民事公益诉讼案件适用法律若干问题的解释》（法释［2015］1号）。该解释对我国《民事诉讼法》第55条和《环境保护法》第58条所规定的环境民事公益诉讼条款进行了可辨识、可操作、可判断的解释性规定，从而指引和规范了法院系统对此类案件的审理规程。最高人民法院的环境民事公益诉讼司法解释分别就环保社会组织的注册登记部门、组织活动形式、无违法记录凭证、章程宗旨和业务范围等与环境民事公益诉讼密切相关的因素进行了细致的解释说明。与之相呼应，2015年4月25日，《中共中央、国务院关于加快推进生态文明建设的意见》

第二章 环保社会组织民事公益诉讼的基本问题探讨

也明确提出:"鼓励公众积极参与,对污染环境、破坏生态行为,有关组织可提起公益诉讼。发挥民间组织和志愿者的积极作用。"

在最高人民法院确定了5个环境民事公益诉讼试点省份后,为积极探索新形势下的环境民事公益诉讼审判模式,部分省份的高级人民法院专门在全省范围内发布了相应的审判指导意见,其中均有涉及环保社会组织原告主体资格的条款规定。如于2015年6月30日发布的《贵州省高级人民法院关于推进环境民事公益诉讼审判工作的若干意见》规定:"负有环境保护行政监督管理职责的行政机关及有关组织对其辖区内发生的危害环境公共利益的行为……可以作为原告提起环境民事公益诉讼。"另外,2016年4月7日,山东省高级人民法院出台了《关于加强环境民事公益诉讼审判工作服务保障全省绿色发展的意见》。该意见明确了法院在审查环保社会组织的民事公益诉讼原告主体资格时,采用适度放宽的审查原则。"规定只要社会组织在设区的市级以上人民政府民政部门登记,其章程确定的宗旨和主要业务范围包含维护社会公共利益的内容,且实际从事环境保护公益活动五年以上的,应当依法认定其具备原告主体资格。"[1]之所以说其宽松,是因上述意见把环保社会组织"专门从事环境保护公益活动"拓宽到了"维护社会公共利益",再有就是未把环保社会组织"提起诉讼前五年"的时间起算点限定为注册登记时,而是以其实际从事环境保护公益活动的时间为起算点。

随着我国生态文明体制改革工作的不断推进,环保社会组织日益成为我国生态文明建设不可或缺的主力军。以环保社会组织为起诉主体的环境民事公益诉讼成了防治环境污染、救济受损生态环境的重要途径和救济方式。环保社会组织在民事公

---

[1] 闫继勇、高群:"山东进一步加强环境民事公益诉讼审判工作",载《人民法院报》2016年4月10日。

益诉讼领域取得的一次又一次胜诉,正是我国前几年对其进行有序培育、引导的成效体现。然而,我国不断进步的法制建设对环保社会组织提出了更高的要求,为此,我国民政部和环境保护部又于2017年1月26日联合印发了《关于加强对环保社会组织引导发展和规范管理的指导意见》,列出政府部门从登记审查、政策扶持、规范管理和自身能力建设等方面对环保社会组织所负的责任和任务。其中专门提到环保行政主管部门和民政登记管理部门主要任务之一,是应当"引导环保社会组织依法开展环境公益诉讼"。这在一定程度上畅通了环保社会组织提起环境民事公益诉讼的渠道和途径,为其顺利开展环境保护活动创造了便利条件。

不仅如此,环保社会组织的民事公益诉讼原告主体资格还曾被环保行政主管部门规定于部门规章之中。如我国环境保护部(现生态环境部)于2017年7月1日起开始施行的《污染地块土壤环境管理办法(试行)》第8条规定:"环境保护主管部门鼓励和支持社会组织,对造成土壤污染、损害社会公共利益的行为,依法提起环境公益诉讼。"环保行政主管部门在土壤污染防治方面对环保社会组织公益诉讼原告行为活动的鼓励和支持,是在专项环保领域对我国环境民事公益诉讼条款的贯彻和落实。随着我国环境民事公益诉讼立法实践和司法审判的不断探索推进,环保社会组织的民事公益诉权日益得到重视和发展。2017年10月18日,习近平在中国共产党第十九次全国代表大会上所作的报告中对社会组织的重要地位和关键作用进行了阐述,它与政府、企业、公众一体推动整个环境治理体系[1]的有

---

〔1〕 根据有关政策文件,我国预计将于2025年建成包括环境治理目标体系、实施体系和责任体系在内的综合性环境治理体系。2019年11月26日,中央全面深化改革委员会第十一次会议审议通过了《关于构建现代环境治理体系的指导意见》;

序发展。报告明确提出"构建政府为主导、企业为主体、社会组织和公众共同参与的环境治理体系"。从环境治理体系的内容来看，环保社会组织的环境民事公益诉讼是维护公共环境良好状态的方式之一，它属于环境治理体系的重要组成部分。环保社会组织的民事公益诉讼活动日益受到人民法院的高度重视。于2018年5月20日出台的《最高人民法院关于深入学习贯彻习近平生态文明思想为新时代生态环境保护提供司法服务和保障的意见》（法发〔2018〕7号）已经将环保社会组织的民事公益诉讼原告主体资格定位为"公益诉权"，明确提出"依法审理社会组织提起的环境公益诉讼案件，畅通诉讼渠道，保障社会组织公益诉权，完善审理程序和配套机制，引导社会公众有序参与生态环境保护"，从而为其环境民事公益的法律实践提供了程序保障。

三、环保社会组织民事公益诉讼的实践分析

环保社会组织民事公益诉讼的立法完善离不开其司法实践的摸索推动。在我国环境民事公益诉讼条款出台之前，环保社会组织已经开始了公益诉讼活动，其诉由往往是由环境污染、生态破坏等环境问题而引发的民事责任纠纷。"我国的环境团体（笔者注：也就是环保社会组织）诉讼发展，其动力主要来自于

（接上页）之后，中共中央办公厅、国务院办公厅于2020年3月3日印发了《关于构建现代环境治理体系的指导意见》。该文件明确指出："到2025年，建立健全环境治理的领导责任体系、企业责任体系、全民行动体系、监管体系、市场体系、信用体系、法律法规政策体系，落实各类主体责任，提高市场主体和公众参与的积极性，形成导向清晰、决策科学、执行有力、激励有效、多元参与、良性互动的环境治理体系。"其中，关于环保社会组织的表述为："以强化政府主导作用为关键，以深化企业主体作用为根本，以更好动员社会组织和公众共同参与为支撑"；"加强对社会组织的管理和指导，积极推进能力建设，大力发挥环保志愿者作用"。

内部,属于内在驱动发展的模式。"[1]根据我国民事公益诉讼有关条文的立法时间来划分,环保社会组织提起民事公益诉讼的法律实践可以分为三个阶段,其时间节点之一是2013年修订后的《民事诉讼法》新增了环境民事公益诉讼条款,之二是2015年修订后的《环境保护法》细化了环保社会组织公益诉讼的有关规定。

第一个阶段是2013年1月1日之前的环保社会组织环境民事公益探索阶段。在这一阶段,我国《民事诉讼法》第55条环境民事公益诉讼条款尚未出台,环保社会组织提起民事公益诉讼虽缺乏相应的法律依据,但人民法院对于民事公益诉讼案件还是持较为积极的态度。"2008年至2012年,中华环保联合会、贵阳公众环境教育中心、'自然之友'等环保组织开始探索公益诉讼个案实践。2008年公益诉讼个案的数量达到5件,到2012年更是达到14件。"[2]由于这一时期我国民事诉讼制度中无公益诉讼规定,各级各地人民法院也缺乏统一的指导性规则,以致环保社会组织提起的环境民事公益诉讼结果也各有差异,有些甚至截然相反。从环境民事公益诉讼的总体情况来看,"在我国2012年以前的公益诉讼实践中,司法机关较少审理公民或环保组织提起的公益诉讼,能够成功提起诉讼的公民或社会组织所依据的一般是地方性法律文件,或是与公益诉讼相关联的私益诉讼"。[3]这与我国的法律传统密切相关,我国的法律体系总体上倾向于大陆法系,法官是不能造法的。面对日新月异的环

---

[1] 吴宇:"德国环境团体诉讼的嬗变及对我国的启示",载《现代法学》2017年第2期。

[2] 葛枫:"我国环境公益诉讼历程及典型案例分析——以'自然之友'环境公益诉讼实践为例",载《社会治理》2018年第2期。

[3] 李天相等:"我国社会组织作为环境公益诉讼原告主体的本土特性",载《中国环境管理干部学院学报》2016年第4期。

第二章 环保社会组织民事公益诉讼的基本问题探讨

境民事公益诉讼，法院所能做的是在现有立法的基础上进行能动性司法，以创新性的思路应对环境民事公益诉讼领域出现的新情况、新问题。法院既有的审判案例对之后的案件审判充其量只具有指导性，而不能作为后续案件判决的法定依据。

作为在全国影响力比较大的环保社会组织之一，中华环保联合会早在2009年就已经开始了对民事公益诉讼的探索。之所以说是探索，是因为"环境公益诉讼的主要依据是包括环保法在内的一些原则性规定，以及一些试点成立环保法庭的地方高级法院出台的规范性文件，通过打法律的'擦边球'，我们（笔者注：中华环保联合会）进行了一系列环境公益诉讼的司法实践"。[1]正是因为法律规定的空白，环保社会组织据此打出的环境民事公益诉讼的"擦边球"能否成功难以预判。失败的案件如2008年中华环保联合会就云南阳宗海砷污染事件[2]提出公

---

[1] "中华环保联合会：要让污染企业真正吃到苦头"，载中国法院网：https://www.chinacourt.org/article/detail/2015/04/id/1579298.shtml，访问日期：2020年2月13日。

[2] 阳宗海地处昆明市和玉溪市交界处，是云南省内九大高原湖泊之一，面积约为31平方公里，蓄水总量约为6.04亿立方米。2008年，阳宗海出现砷浓度超标的现象，经云南省环保局查实，水体砷污染主要来源于云南澄江锦业工贸有限公司。经查实，自2001年以来，该公司违反国家污染防治法规定，未经办理环境影响评价手续，在生产项目建设、涉高砷化工生产过程中，使用砷含量超过国家标准的锌精矿灯原料；未建设规范的生产废水收集、循环系统及工业固体废物堆场；含砷声场废水长期通过明沟、暗管排放到厂区内最低凹处没有经过防渗漏处理的土池内，并抽取废水至未做任何防渗处理的洗矿循环水池进行磷矿石洗矿作业；将含砷固体废物磷石膏倾倒于厂区外三个未经防渗漏、防流失处理的露天堆场堆放；雨季降水量大时直接将土池内的含砷废水抽排至厂区东北侧邻近阳宗海的磷石膏渣场放任自流。致使阳宗海水体受污染，水质从二类下降到劣五类，饮用、水产品养殖等功能丧失，周边居民26 000余人的饮用水源取水中断，公私财产遭受百万元以上损失。该事件导致26名干部被问责处理，涉案公司及相关负责人被依法追究刑事责任。详见"云南阳宗海砷污染事件回放"，载中国日报网：http://www.chinadaily.com.cn/dfpd/2009-06/03/content_9169588.htm，访问日期：2020年2月24日。

益诉讼未被法院受理，2010年重庆绿色志愿者联合会对国电阳宗海发电公司二氧化硫减排不力提出公益诉讼也未被立案受理。人民法院拒绝立案的理由往往是缺乏相应的法律规定，毕竟当时的法律并未就环保社会组织作为公益诉讼原告主体进行规定。当然，成功的案例也有，如2009年"朱某茂、中华环保联合会与江阴港集装箱公司环境污染责任纠纷案"、2010年"中华环保联合会、贵阳公众环境教育中心[1]与贵阳市乌当区定扒造纸厂水污染责任纠纷案"，以上两个案例均被收录于2014年最高人民法院发布的9起环境资源审判典型案例[2]之中。其中，发生于2009年的"朱某茂、中华环保联合会与江阴港集装箱公司环境污染责任纠纷案"，被无锡市中级人民法院正式受理立案。此案是最早进入法院审判程序的公益诉讼案件，中华环保联合会以原告主体身份提起该诉讼，而它与案件并无直接利害关系。因此，学界将其称为全国"破冰"环保公益诉讼第一案。

---

〔1〕 贵阳公众环境教育中心是于2010年3月在贵阳市民政部门登记注册的民间环保组织。其活动宗旨为：以传播和践行生态文明为宗旨的民间环保组织，倡行公民关注、参与对生态环境的保护，并通过公众环境教育和各种生态环境保护项目，推进城乡生态文明建设。

〔2〕 环境资源审判典型案例是最高人民法院环境资源审判设立之后发布的，此类案例用于指导全国各地各级法院的环境资源审工作，旨在统一涉环境资源案件审理的尺度、标准和规范。最高人民法院环境资源审判庭设立于2014年6月，其主要职责包括：审判第一、二审涉及大气、水、土壤等自然环境污染侵权纠纷民事案件，涉及地质矿产资源保护、开发有关权属争议纠纷民事案件，涉及森林、草原、内河、湖泊、滩涂、湿地等自然资源环境保护、开发、利用等环境资源民事纠纷案件；对不服下级人民法院生效裁判的涉及环境资源民事案件进行审查，依法提审或裁定指令下级法院再审；对下级人民法院环境资源民事案件审判工作进行指导；研究起草有关司法解释等。文中所涉两个环保社会组织民事公益诉讼案件都属于最高人民法院公布的九起环境资源审判典型案例之列，从时间上来看，该典型案例的发布时间是2014年，在环境民事公益诉讼条款出台之后，但是典型案例的具体内容均为2013年之前，是对以往环境资源案件审判经验的总结和认可，用于指导日后的环境资源审判工作。

第二章 环保社会组织民事公益诉讼的基本问题探讨

在"朱某茂、中华环保联合会与江阴港集装箱公司环境污染责任纠纷案"中,原告朱某茂是作为涉案受损环境周边八十多户居民的代表提起的诉讼。他们是环境污染的受害者,与案件审判具有直接利害关系。而原告中华环保联合会则是接到周边受损居民的信访反映,依据自己注册登记的章程宗旨向法院提起的诉讼,它与该案并不具有直接利害关系。就此,二者虽然是以共同原告的身份出现于本案,但他们据以提起诉讼的理由却并不相同。从这一角度而言,此案兼具私益诉讼和公益诉讼的双重特征。而从他们的诉讼请求来看,二者有着共同的诉请,即"请求判令被告江阴港集装箱公司停止侵害,使港口周围的大气环境符合环境标准,排除对周围居民的妨碍;判令被告江阴港集装箱公司立即对铁矿粉冲洗进行处理,消除对饮用水源地和取水口产生的危险;判令被告江阴港集装箱公司立即将黄田港(锡北运河)和港口附近的下水道恢复原状,铁矿粉泥做无害化处理"。[1]其共同目的在于停止被告的环境侵害行为,恢复涉案生态环境的良好状态。从这一角度而言,二共同原告扮演了环境公共利益代表的角色,所提起的诉讼应当被归入环境民事公益诉讼的范畴。无论如何,中华环保联合会既不是在涉案地区注册登记,也并未受到涉案环境污染的损害。其据以提起民事诉讼的理由在于其非营利社团组织性质,以及维护生态环境及其周边居民生活环境的章程宗旨,这属于典型的环境民事公益诉讼范畴。该案的审理促使被告全面整改,彻底封堵污水排放管口,调整风向作业时间,减少粉尘对周边居民的污染。同时,对周边紧邻河道进行了清淤,改善了水体质量。在此基础上,案件最终以法院调解的方式结案。

---

[1] 江苏省无锡市中级人民法院"朱某茂、中华环保联合会与江阴港集装箱公司环境污染侵权纠纷案民事调解书",案号[2009]锡民初字第0021号。

"中华环保联合会、贵阳公众环境教育中心与贵阳市乌当区定扒造纸厂水污染责任纠纷案"则是另一个具有典型代表意义的环保社会组织民事公益诉讼实践案例。此案的两个共同原告均是与案件无直接利害关系、以生态环境保护为使命、依法在民政部门登记注册的环保社会组织,而且二者的注册登记地并非同一个地方(自然之友的注册登记地在北京市朝阳区、贵阳公众环境教育中心的注册登记地在贵州省贵阳市)。其公益性诉讼请求是"判令被告立即停止向河道排放污水,消除偷排生产废水对其下游南明河及乌江产生的污染"。这是环保社会组织跨地域联手提起公益诉讼的首起案件。该案于2010年11月19日被贵州省清镇市人民法院受理立案,并于当年的12月30日以判决的形式结案。法院的最终判决支持了二原告的环境公共利益诉请,使南明河的生态环境损坏得到了及时救济。就其过程而言,该案是环保社会组织从起诉到审理,再到判决结案全诉讼过程的实践探索,为之后的环境民事公益诉讼立法和实践发展提供了有益经验。与此同时,该案还牵涉到另外一家环保社会组织——贵州省贵阳市"两湖一库"环境保护基金会。[1]在清镇市人民法院的协调下,该案原告向贵阳市"两湖一库"环境保护基金会申请了环境公益诉讼援助基金,先行垫付涉案受损环境的评估、鉴定、分析检测费用。该费用同时又作为环境民事公益诉讼原告向被告主张的诉求,从而在一个诉讼案件中实现了对环境公益的多手段维护。该案的依法裁判,是不同类型环保社会组织协同合作的结果,是它们多方位、多角度、多合

---

〔1〕 贵州省贵阳市"两湖一库"环境保护基金会成立于2007年11月4日,后于2013年更名为贵州省贵阳市生态文明基金会。其业务范围是"开展和资助促进贵阳市生态文明建设的宣传、志愿者活动、培训、科学研究和对外交流与合作"。"两湖一库"是贵阳市红枫湖、百花湖、阿哈水库饮用水源的简称。

第二章 环保社会组织民事公益诉讼的基本问题探讨

力助推环境民事公益诉讼实践的成效。环保社会组织民事公益诉讼的实践探索，是借助司法途径救济环境公共利益的有益尝试，这有利于生态环境及时止损以及后续环境修复工作的开展。

"根据民政部 2012 年第四季度统计公报数据，我国依法登记的社会组织有 49 万多个，其中社会团体 26.8 万个、民办非企业单位 22.1 万个、基金会 2961 个，总数量由 1988 年的 4446 个增加了约 100 倍。此外，还有备案的城市街道社区群众性社会组织 20 多万个，农村专业经济协会 4 万多个。"[1]从当时社会组织的总体基数来看，我国社会组织发展呈现出了较好的增长态势。然而，与总体数量相比，环保类型的团体组织所占比重较少，这其中还包括许多尚未通过民政部门注册登记的草根环保社会组织。这也使得我国早期环境民事公益诉讼实践多集中于少数几家成立较早、实习雄厚、影响力比较大的环保社会组织。在我国环境民事公益诉讼条款出台之前，中华环保联合会作为全国最具影响力的社会组织之一，成了积极探索新型诉讼道路以维护环境公共利益的主体力量。自 2009 年开始尝试民事公益诉讼第一案，直到 2012 年底我国《民事诉讼法》公益诉讼条款出台，中华环保联合会共计提起了 9 起公益诉讼案件。除此之外，部分民间社会组织也开展了环境民事公益诉讼司法实践。"在 2012 年之前，活跃在各地环保领域的有生力量，很多都是民间自发成立的民办非企业单位。在贵阳市和云南省两地的

---

[1] 高一村："社会组织管理制度改革必须且急切——透过党的十八届二中全会看社会组织改革"，载《中国社会组织》2013 年第 2 期。据有关数据显示，截至 2018 年底，中国社会组织数量超过 80 万家。社会组织主要有社会团体、民办非企业和基金会三大类，其中专注于生态环保议题的社会组织占总体的 3.7%，在 3 万家左右。详见汪燕辉："社会组织：污染防治攻坚战中的瞭望哨和加速器"，载《环境保护》2019 年第 10 期。

司法实践中都受理了由民办非企业单位提起的环境公益诉讼。"[1]这些案件的受诉法院均认可了环保社会组织的环境公益诉讼原告主体身份,从而直接推动了我国《民事诉讼法》第55条"有关组织"有权提起公益诉讼条款的出台。

第二个阶段是2013年1月1日至2015年1月1日,我国《民事诉讼法》已出台民事公益诉讼规定,但仍然比较笼统。环保社会组织提起环境民事公益诉讼虽已有法律依据,但由于《民事诉讼法》并未对公益诉讼原告进行明确界定,导致各法院在实际操作中对环境公益诉讼持保守态度,环保社会组织提起的多起民事公益诉讼均被人民法院拒之门外。有学者曾撰文指出:"2013年1月1日起,正式确立公益诉讼制度的新《民事诉讼法》生效,但是环境公益诉讼实践并没有取得突破性进展,反而遭遇'倒春寒'。"[2]在环境民事公益诉讼条款出台后的一年时间内,中华环保联合会作为原告曾提起了7起民事公益诉讼案,但全部因诉讼主体无法律明确规定而被驳回。

作为环保社会组织环境民事公益诉讼的积极探索主体,中华环保联合会在《民事诉讼法》公益诉讼条款出台之前,已经有许多成功的诉讼实践。尤其是虽与涉诉案件无直接利害关系,但中华环保联合会仍得以原告主体身份向法院提起诉讼,并进入审判程序。无论案件最终被受诉法院以法院调解的形式结案还是以法院裁判的形式结案,均是环保社会组织对传统民事诉讼制度的创新性突破,也为我国《民事诉讼法》环境民事公益诉讼条款的出台提供了现实依据。然而,民事公益诉讼制度以

---

[1] 葛枫:"我国环境公益诉讼历程及典型案例分析——以'自然之友'环境公益诉讼实践为例",载《社会治理》2018年第2期。

[2] 林燕梅、王晓曦:"2013环境公益诉讼回到原点",载自然之友、毕亮亮主编:《中国环境发展报告(2014)》,社会科学文献出版社2014年版。

法律的形式被我国立法机关写入《民事诉讼法》之后，中华环保联合会的民事公益诉讼原告主体资格却被涉诉法院否认了。在 2013 年整整一年的时间里，环保社会组织提起的环境民事公益诉讼案件均被法院搁置或拒绝了。不仅如此，其他主体提起的环境公益诉讼案件在全国也无一起被法院受理立案。

在这一阶段，人民法院对待环境民事公益诉讼案件的态度反而十分保守，多数案件均被以"公益诉讼原告主体不适格"为由拒之门外。这一点可以从中华环保联合会所提起的 7 件民事公益诉讼案全部被拒绝立案得到体现。[1]其具体情形分为以下三种：

第一种，立案之后以原告主体不适格为由被法院驳回起诉，如"中华环保联合会诉海南罗牛山养殖基地企业污染红树林公益诉讼案"。在该案中，涉案企业海南罗牛山种猪育种有限公司与海南天工生物工程公司长期排放未经处理的污水，对当地生态环境以及下游的国家级红树林保护区造成了严重破坏。就此，2013 年 6 月 5 日，中华环保联合会以民事公益原告身份向海南省海口市中级人民法院递交诉状，对海南罗牛山种猪育种有限公司以及海南天工生物工程公司提起诉讼。6 月 21 日，海口市中级人民法院向中华环保联合会出具立案受理通知书。然而，7 月 25 日，海口市中级人民法院向中华环保联合会出具民事裁定书，驳回已立案的两起公益诉讼。海口市中级人民法院驳回起诉的理由是民事公益诉讼起诉主体的法定性，即只有"法律规定的有关机关和有关组织可以向人民法院提起诉讼"，鉴于当时法律尚未对中华环保联合会作为民事公益诉讼的起诉主体资格

---

[1] 参见"中华环保联合会环境维权 2013 年重点工作及成效"，载中华环保联合会：http://www.acef.com.cn/zhuantilanmu/2013hjwqtbh，访问日期：2020 年 2 月 15 日。

作出明确规定，故中华环保联合会作为民事公益诉讼原告主体不适格。

第二种，受诉法院直接出具不予立案通知书，如"中华环保联合会诉山东省潍坊乐港食品股份有限公司及其第三商品猪养殖场水污染侵权案"。2013年3月7日，中华环保联合会向山东省潍坊市中级人民法院递交了民事公益诉状，要求潍坊乐港食品股份有限公司所属的第三商品猪养殖场立即停止污染行为，并提出索赔700余万元，以用于环境污染治理与修复。该公益诉讼案虽因未被受理而遭遇司法实践困难，但却部分实现了环保社会组织环境民事公益诉讼所追求的诉讼效果。涉案企业的环境问题引起了相关政府部门的高度重视，责令涉案企业彻底关停，并对当地受污染的环境进行整治、修复，对受影响的村民给予补偿，初步达到了消除污染的诉讼目的。

第三种，受诉法院既不受理立案，也不出具书面不予立案通知书，如"中华环保联合会诉重庆市双庆硫酸钡有限公司环境污染案"。在该案中，重庆市双庆硫酸钡有限公司自运行以来，长期向环境排放污水和粉尘，造成当地居民生活环境受到严重污染。2013年5月29日，中华环保联合会向重庆市第四中级人民法院提起环境民事公益诉讼，该院以最高人民法院没有司法解释为由，拒绝接受立案材料。与之相似，中华环保联合会就"河南省灵宝市金源矿业有限公司环境污染案"提起的民事公益诉讼也同样被法院拒绝立案。还有的民事公益诉讼案件起诉状被法院原样寄回，如"中华环保联合会诉山西省原平市住建局环境侵权案"。在该案中，原平市住建局因未妥善处理在建公路排污管网问题，导致上游地区生活污水、部分企业的污染废水直排到柳巷村所在地区，造成柳巷村环境被严重污染。2013年3月，中华环保联合会向山西省忻州市中级人民法院提

第二章 环保社会组织民事公益诉讼的基本问题探讨

起环境民事公益诉讼,诉请法院责令原平市住建局立即停止侵害,采取有效措施消除对柳巷村周边环境造成的污染。但忻州市中级人民法院以最高人民法院就环境公益诉讼原告主体资格还没有作出司法解释为由,将起诉状原样退回给中华环保联合会。

我国《民事诉讼法》的环境民事公益诉讼条款出台后,并未出现专家学者所预见的案件井喷或者滥诉。与之相反,各地法院对于环保社会组织提起的民事公益诉讼案件多持谨慎态度,甚至以往据以确定其民事公益诉讼原告主体资格的裁判理由也被否定。除中华环保联合会之外,其他环保社会组织提起的环境民事公益诉讼也基本被法院拒之门外。如"自然之友、自然大学[1]联合诉中国神华煤制油化工有限公司环境污染案"于2013年8月30日被北京东城区法院电话告知"不予立案"。与之相同,"自然之友、自然大学联合诉中国神华煤制油化工有限公司鄂尔多斯煤制油分公司环境污染案"的立案材料于2013年9月9日被内蒙古鄂尔多斯中级人民法院拒绝签收。一时之间,环保社会组织民事公益诉讼司法实践陷入了举步维艰的僵持局面。不仅如此,以环保行政机关、检察机关为原告提起民事公益诉讼的法律实践也一度陷入停滞状态。这种状态一直持续到2014年我国《环境保护法》的修订,该法新增了第58条关于环境公益诉讼的规定,明确了提起民事公益诉讼的社会组织的条

---

[1] 自然大学是由北京地球村环境教育中心、自然之友、绿家园志愿者、厦门绿拾字、江苏绿色之友、天津绿色之友、兰州绿驼铃、全国大学生绿色营等多家NGO共同发起的项目,并由中国科协全程支持。自然大学是一所虚拟的社区环保大学,旨在通过自助型人才培养的方式,使社区公众实地参与调查,为公众提供探寻自然环境、零距离直面环境问题的机会,帮助人们认识自然观察自然,关心周围环境的变化,珍惜、欣赏和热爱自然生命,参与到治理环境污染的活动中。其含义有两重,一是向大自然学习,二是在大自然中学习。

件。虽然修订后的《环境保护法》的正式实施日期是2015年1月1日,但是在此之前,对于环保社会组织提起环境民事公益诉讼案件的态度,有些地方的人民法院已经开始发生积极的转变。其中,较为典型的当属江苏省泰州市中级人民法院于2014年审理的江苏省泰州环保联合会[1]诉六家环境污染企业1.6亿余元的"天价赔偿"诉讼案件,该案被列为2017年最高人民法院发布的10件环境公益诉讼典型案例之首。[2]

"江苏省泰州市环保联合会与江苏常隆农化有限公司、泰兴锦汇化工有限公司等六家企业环境污染责任纠纷案",是环保社会组织提起的典型环境民事公益诉讼案件。其典型意义主要在于以下三个方面:其一,该案经过了市中级人民法院、省高级

---

〔1〕 江苏省泰州市环保联合会于2014年2月25日被泰州市民政局批准设立并登记,其主管单位是泰州市环保局,联合会由泰州市各界环保热心人士、企事业单位和其他组织自愿结成的公益性社会组织,其组织形式为非营利性社会团体。该会于2014年2月21日召开第一次会员代表大会,通过了联合会章程,选举产生了第一届理事会理事。其会员分别来自泰州市机关部门、企业、学校以及社区等单位。根据联合会的章程规定,其主要任务包括为政府及有关部门提供决策建议,开展环保宣传教育活动,组织和引导群众关心、支持和参与环保,开展环境法律援助,开展有助于环保的公益性活动等。

〔2〕 我国环境保护部政策法规司时任副司长别涛曾高度评价本起案件的典型意义。他指出:"这起由环保组织作原告、检察院支持起诉的环境公益诉讼案件,不仅参与主体最特殊、诉讼程序最完整,而且涉案被告最多、判赔金额最大,同时探索创新最多、借鉴价值最高,展示出人民法院鲜明的环境司法政策,堪称示范性案例,值得全面总结与重点评析。"详见别涛:"江苏泰州'天价环境公益诉讼案'始末及评析",载《中国环境报》2015年1月14日。涉案六家环境污染企业分别为江苏常隆农化有限公司、泰兴锦汇化工有限公司、江苏施美康药业股份有限公司、泰兴市申龙化工有限公司、泰兴市福安化工有限公司、泰兴市臻庆化工有限公司。泰兴市环保联合会诉称,上述六家企业在2012年1月至2013年2月间违反环保法规,将其生产过程所产生的废盐酸、废硫酸等危险废物(总计2.6万吨),以每吨20元至100元不等的价格,交给无危险废物处理资质的中江公司等主体偷排到当地的如泰运河、古马干河,导致水体受到严重污染,造成重大环境损害,需要进行污染修复。

第二章 环保社会组织民事公益诉讼的基本问题探讨

人民法院和最高人民法院三次审判，走完了一审、二审和再审审理的完整程序；[1]其二，该案的被告企业多达6家，环保社会组织诉请的民事赔偿数额高达1.6亿余元，被多个媒体称为环境民事公益诉讼中的"天价赔偿案件"；其三，该案环保社会组织提起民事公益诉讼以及人民法院作出终审裁判的时间，介于我国《环境保护法》修订稿颁布之后但尚未正式生效实施之前。[2]

修订后的《环境保护法》第58条从时间上规定了社会组织提起环境民事公益诉讼的限制条件，即"专门从事环境保护公益活动连续五年以上且无违法记录"。这就意味着，自2015年1月1日开始，修订后的《环境保护法》正式生效实施，根据其规定，环境民事公益诉讼的环保社会组织提起诉讼的时间距离其注册登记时间至少应有5年的时间。否则，环保社会组织不具备提起环境民事公益诉讼的主体资格，无权提起诉讼。而在2015年1月1日之前，由于修订后的《环境保护法》并未生效，所以修订前的《环境保护法》仍在实施，而其在环境民事公益诉讼方面仍处于空白状态。因此，环保社会组织提起环境民事公益诉讼的法律依据依然只是《民事诉讼法》第55条，即"对污染环境、侵害众多消费者合法权益等损害社会公共利益的行为，法律规定的机关和有关组织可以向人民法院提起诉讼"，除此之外，当时没有其他法律依据和相关司法解释。

---

[1] 法院对该案件的审理从2014年一直持续到2016年，时间跨越《环境保护法》修订前后两个阶段。一审判决书为江苏省泰州市中级人民法院［2014］泰中环公民初字第00001号民事判决，其落款时间为2014年9月10日；二审判决书为江苏省高级人民法院［2014］苏环公民终字第00001号民事判决书；其落款时间为2014年12月29日；再审裁定书为最高人民法院［2015］民申字第1366号民事裁定书，其落款时间为2016年1月31日。

[2]《中华人民共和国环境保护法》由中华人民共和国第十二届全国人民代表大会常务委员会第八次会议于2014年4月24日修订通过，修订后的法律全文虽当日即向全社会予以公布，但其实际正式生效实施时间为2015年1月1日。

针对六家企业的环境污染行为,江苏省泰州市环保联合会于 2014 年 8 月提起了 1.6 亿余元的"天价"环境民事公益诉讼。而此时距离泰州市环保联合会注册登记的 2014 年 2 月才只有短短的 6 个月的时间。作为此案一审法院的江苏省泰州市中级人民法院不但确认了泰州市环保联合会的民事公益诉讼原告主体资格,而且基本全部支持了其公益诉讼请求。不仅如此,此后无论是江苏省高级人民法院的二审,还是最高人民法院的再审,都一致认可了泰州市中级人民法院对环保社会组织民事公益原告主体资格的判定。在一审法院判决书中,泰州市环保联合会民事公益诉讼原告主体资格被法院予以确定,判决书就此的具体表述为"依照《中华人民共和国民事诉讼法》第五十五条规定,依法登记的环保组织,具有民事公益诉讼主体资格。泰州市环保联合会作为依法成立的参与环境保护事业的非营利性社团组织,为保护水生态环境和维护公众环境权益,有权提起环境民事公益诉讼"。

从法律依据上来看,泰州市环保联合会环境民事公益诉讼原告主体资格得以确认的是依据我国《民事诉讼法》第 55 条的规定。与之相对照,中华环保联合会环境民事公益诉讼原告主体资格得不到确认的依据也是我国《民事诉讼法》第 55 条的规定。上述"同案不同判"现象的出现,究其原因,是法院对《民事诉讼法》第 55 条规定的解读和适用截然相反。而法院对环保社会组织民事公益诉讼原告主体资格判定态度的前后变化,与我国《环境保护法(修正案)》的发布具有密不可分的关系。就环保社会组织民事公益诉讼司法实践而言,此案具有标志性意义,它昭示着我国环保社会组织民事公益诉讼依然破冰前行。其司法实践既推动了我国环保社会组织的发展成长,又促进了环境民事公益诉讼的法制建设。从自然之友的组织建设与公益

第二章 环保社会组织民事公益诉讼的基本问题探讨

诉讼的发展来看,"在为拓展法律行动空间提供制度性保障的同时,自然之友启动了'环境公益诉讼行动支持网络'和'环境公益诉讼支持基金',竭力支持 NGO 伙伴开展环境公益诉讼,通过内部能力建设、外部专家支持、诉讼实践陪伴和行动经费资助 4 个方面,支持更多 NGO 伙伴有能力、有资源、有信心提起环境公益诉讼"。[1]

第三个阶段是 2015 年 1 月 1 日之后,我国修订后的《环境保护法》正式实施,其被称为"史上最严"的环境保护法。该法第 58 条明确了社会组织提起环境民事公益诉讼所需要具备的条件,环保社会组织提起环境民事公益诉讼的原告主体资格得到了细化。不仅如此,为了解决各地法院在环境民事公益诉讼案件审理标准和法律适用等方面不统一的问题,最高人民法院于 2015 年 1 月 7 日发布实施了《最高人民法院关于审理环境民事公益诉讼案件适用法律若干问题的解释》。该解释最为主要的规定之一就是针对社会组织提起环境民事公益诉讼的有关条件进行更具有可操作性的规定。法律规范的明细化,既有利于环保社会组织有理有据地提起环境民事公益诉讼,也为法院处理此类案件提供了切实可靠的依据。这为我国环保社会组织环境民事公益诉讼的立法和实践注入了生机和活力,此类案件的起诉量以及法院的受理立案量在短时间内就得到了快速提升。仅 2015 年一年时间里,全国贵州、山东、江苏、福建等 13 个省(直辖市、自治区)法院共计受理环境民事公益诉讼案件 45 件。对此,可以从提起民事公益诉讼的环保社会组织和受理环境民事公益诉讼的人民法院两种个案角度得到证实。以环保社会组织中较为活跃的自然之友为例,"据'自然之友'统计,2015 年,全

---

[1] 张伯驹、林红:"自然之友:推动政策制定与实践",载《中国环境报》2015 年 7 月 7 日。

国有9家环保组织提起37起环境公益诉讼个案获法院受理；2016年，全国有14家环保组织提起的59起环境公益诉讼个案获法院受理。无论从参与的环保组织到个案数量，2016年均比上一年有较大幅度提升"。[1]以审理重大环境资源保护案件的跨行政区划法院——北京市第四中级人民法院——为例，"2015年，受民诉法司法解释和环境民事公益诉讼司法解释出台影响，具有起诉主体资格的社会组织等处于诉讼准备、调查举证阶段，故该院仅受理1件环境民事公益诉讼案件；2016年，起诉条件已经成熟，社会组织等主体不断提升环境保护与诉讼能力，相继提起9件环境民事公益诉讼案件。这些案件涉及类型包括大气污染、固体废物污染、生态环境损害、土壤污染、水资源污染、校园环境污染等，以涉及大气污染和土地水资源环境污染为主。作为提起环境民事公益诉讼的主体，既有中国生物多样性保护与绿色发展基金会、北京市朝阳区自然之友环境研究所、中华环保基金会等社会组织，又有北京市人民检察院第四分院"。[2]

修订后的《环境保护法》正式实施的第一天，两家环保社会组织就联合以共同原告的身份提起了新法实施后的首例环境民事公益诉讼。北京市朝阳区自然之友环境研究所[3]、福建省

---

[1] 葛枫："我国环境公益诉讼历程及典型案例分析——以'自然之友'环境公益诉讼实践为例"，载《社会治理》2018年第2期。

[2] 马军、邹慧、马新建："北京四中院'世界环境日'召开新闻通报会 通报环境民事公益诉讼审理情况"，载中国法院网，https://www.chinacourt.org/article/detail/2017/06/id/2889914.shtml，访问日期：2020年3月24日。

[3] 北京市朝阳区自然之友环境研究所于2010年6月18日在北京市朝阳区民政局注册登记，其业务主管单位为北京市朝阳区科学技术委员会，其性质为民办非企业单位。根据章程，其宗旨是遵守宪法、法律、法规和国家政策，遵守社会道德风尚，倡导生态文明、开展环境研究，促进可持续发展。其业务范围包括：固体废弃物处理技术研究及相关政策研究；固体废弃物对生态环境的影响研究；固体废弃物研究相关科普活动推广；固体废弃物研究相关环境教育活动推广。北京市朝阳区自然之友环境研究所是在中国文化书院绿色文化分院（习惯称之为"自然之友"）

第二章　环保社会组织民事公益诉讼的基本问题探讨

绿家园环境友好中心[1]作为公益原告向福建省南平市中级人民法院提起诉讼，诉请法院判令谢某锦、倪某香、郑某姜和李某槊四被告在原地恢复被毁林地植被，并赔偿生态环境服务功能损失134万元。[2]南平市中级人民法院当天就给原告出具了受理案件通知书，这是修订后《环境保护法》实施后的第一例环境公益诉讼案，也是环保社会组织提起环境民事公益诉讼的第一例案件。该案自2015年至2017年之间，历经福建省南平市中级人民法院一审、福建省高级人民法院二审、最高人民法院再审三次审理，[3]最终以环保社会组织胜诉告终。

我国《环境保护法》修订后的环保社会组织环境民事公益诉讼第一案，从某种意义上而言，是对当时施行的《民事诉讼法》

（接上页）基础上，于2003年5月8日在民政部登记，专门从事环保公益活动注册成立的环保社会组织。

〔1〕　福建省绿家园环境友好中心成立于1998年，它由福建电视台环保科教栏目《绿色家园》发展而来。2006年11月7日正式在福建省民政厅注册登记，其性质为非营利性环境保护公益机构，其业务主管单位是福建省科协。根据章程，福建省绿家园环境友好中心的活动宗旨为：以环境教育和自然保护为基础，关注本土环境问题；致力于保护生态环境、传播具有中华民族特色的生态文化，倡导绿色文明，搭建公众参与环境保护的平台，开展公众环境教育，提升公民环境意识；推动政府服务社会，成为政府与民间沟通的桥梁，并协助政府强化监管力度；引导企业承担社会责任；促进中国生态环境与和谐社会的可持续发展。

〔2〕　此案全称为北京市朝阳区自然之友环境研究所、福建省绿家园环境友好中心诉谢某锦等四人破坏林地民事公益诉讼案，被列为2015年12月最高人民法院发布的十起环境侵权典型案例之首。十起典型案例中仅环保社会组织提起的环境民事公益诉讼案例就占了三起，另外两起是中华环保联合会诉德州晶华集团振华有限公司大气污染民事公益诉讼案与常州市环境公益协会诉储某清、常州博世尔物资再生利用有限公司等土地污染民事公益诉讼案，以上两个典型案例分列十起环境侵权典型案例第二、第三的位置。

〔3〕　三次审理结果分别为：2015年10月29日，福建省南平市中级人民法院一审民事判决书［2015］南民初字第38号；2015年12月14日，福建省高级人民法院二审民事判决书［2015］闽民终字第2060号；2017年1月26日，最高人民法院再审民事裁定书［2016］最高法民申1919号。

《环境保护法》以及《最高人民法院关于审理环境民事公益诉讼案件适用法律若干问题的解释》中有关环境公益诉讼条款的全面检验和适用。依据《环境保护法》第58条的规定，有资格提起环境民事公益诉讼的环保社会组织，除满足"依法在设区的市级以上人民政府民政部门登记"之外，还需要达到从事相关公益活动以及相应的时间要求，即"专门从事环境保护公益活动连续五年以上且无违法记录"。而在福建省南平市中级人民法院审理的首例环境民事公益诉讼案件中，作为原告之一的环保社会组织——北京市朝阳区自然之友环境研究所，其依法在民政部门注册登记的时间为2010年6月18日，距离案件起诉时间2015年1月1日，时间不足5年。因此，北京市朝阳区自然之友环境研究所在案件中的公益原告主体身份成了该案一审和二审庭审争议的焦点。虽然南平市中级人民法院和福建省高级人民法院都在其各自的判决书中认可了北京市朝阳区自然之友环境研究所的原告主体资格，但其裁判理由是有所差异的。

对于北京市朝阳区自然之友环境法研究所的民事公益原告主体身份，一、二审法院给予了肯定性的裁判，但在认定理由方面却做了略有不同的表述。一审法院的表述为："原告自然之友系2010年6月18日在北京市朝阳区民政局登记成立的民办非企业单位，虽然其自登记之日起至本案起诉之日止成立不满五年，但其在登记前已经依法从事环境保护公益活动，至提起本案诉讼前从事环境保护公益活动已满五年，且在本案诉讼过程中其登记设立已满五年，并无违法记录。因此，原告自然之友在本案中符合'从事环境保护公益活动连续五年以上'的主体资格要件。"[1] 而

---

[1] 详见2015年10月29日，福建省南平市中级人民法院[2015]南民初字第38号民事判决书，在该判决书中"北京市朝阳区自然之友环境研究所"被简称为"自然之友"。

第二章 环保社会组织民事公益诉讼的基本问题探讨

二审法院的表述为:"经查,上诉人自然之友于2010年6月18日在北京市朝阳区民政局登记成立,其在登记前已经依法从事环境保护公益活动,虽然其自登记之日起至本案起诉之日止成立不满五年,但其提起本案诉讼前从事环境保护公益活动已连续满五年。故原判认定上诉人自然之友符合《中华人民共和国环境保护法》第五十八条规定,作为本案环境公益诉讼原告的主体适格,并无不当,上诉人的此项上诉理由不能成立,不予支持。"[1]对比分析以上两个判决,其共同之处在于,认定环保社会社会组织从事环境保护公益活动的起算时间点并非其在民政部门的注册登记之日,而是环保社会组织实际从事环保公益活动之时。具体到本案,北京市朝阳区自然之友环境研究所在注册登记取得合法的主体身份之前,已经在积极从事环境公益方面的活动了,只是当时的名称和身份与现在不一致。经一审法院审理查明,北京市朝阳区自然之友环境研究所是在原中国文化书院绿色分院(也就是人们习惯称谓的"自然之友")基础上注册登记而来的,而后者一直以"自然之友"身份从事环境保护公益活动,其在民政部注册登记的时间是2003年5月8日。在二审判决与一审判决的表述中,有一句话是二者差异较大的地方,即一审判决指出北京市朝阳区自然之友环境研究所在案件审理过程中注册登记已经满5年(原话表述为"且在本案诉讼过程中其登记设立已满五年",二审判决则并未对此予以提及)。据此推断,一审法院认定环保社会组织出任环境民事公益诉讼原告主体资格中"连续五年以上"的要求应该满足的标准有两个:第一种标准是自其实际从事环境保护公益活动时起,截至其提起环境民事公益诉讼时止,时间须连续5年以上;第二种标准

---

[1] 详见2015年12月14日,福建省高级人民法院[2015]闽民终字第2060号民事判决书。

是自其依法在民政部门注册登记时起，截至其提起的环境民事公益诉讼审结时止，时间须连续5年以上。换言之，在一审法院看来，提起环境民事公益诉讼的环保社会组织满足以上两个标准之一，即享有原告主体资格。然而，二审法院对环保社会组织民事公益诉讼原告资格的认定标准只有第一种情形，根本不存在第二种情形。

在新《环境保护法》实施之后，北京市朝阳区自然之友环境研究所作为共同原告提起的环境民事公益诉讼第一案，其典型意义在于以现实案件解读了"环保社会组织连续从事五年"法定活动的时间起算点，从而确定了"连续五年"的判定标准并非以其民政部门的注册登记时间作为唯一判定标准，而重在考虑其实际从事法定环保活动的相关情形。此案判决的指导意义在于，一方面明确了法院判断环保社会组织"连续五年"从事法定活动的起算时间标准，另一方面激发了广大环保社会组织投身环境民事公益诉讼司法实践的积极性。如果说此案是对我国《环境保护法》第58条"专门从事环境保护公益活动连续五年以上且无违法记录"这一条款中"连续五年"的指导性适用解释，那么中国生物多样性保护与绿色发展基金会[1]（以

---

[1] 中国生物多样性保护与绿色发展基金会（简称"中国绿发会""绿会"），是经国务院批准成立，中国科学技术协会主管，民政部登记注册的全国性公益公募基金会，全国性一级学会，长期致力于生物多样性保护与绿色发展事业。从由来上来看，中国绿发会最早起源于1985年注册登记的中国麋鹿基金会，后于1997年正式将"中国麋鹿基金会"更名为"中国生物多样性保护基金会"。根据其章程规定，中国绿发会的活动宗旨是：广泛动员全社会关心和支持生物多样性保护与绿色发展事业，保护国家战略资源，推动绿色发展事业，保障社会经济可持续发展，促进生态文明建设和人与自然和谐，构建人类美好家园。中国绿发会的业务范围包括：①开展和支持生物多样性保护与绿色发展的宣传教育、学术交流、培训和业务咨询活动及项目；②支持和资助促进生物多样性保护与绿色发展事业发展的科学研究、科普活动、科技开发和示范项目，建立示范基地；③支持和资助绿色产业发展；④开展和资助促进生物多样性保护与绿色发展的国际交流与合作，组织与本基金会业务相关的国际、国

第二章 环保社会组织民事公益诉讼的基本问题探讨

下简称"中国绿发会")针对宁夏明盛染化有限公司、宁夏蓝丰精细化工有限公司等八家企业污染腾格里沙漠提起的系列环境民事公益诉讼案[1],则是对上述条款中何为"专门从事环境

(接上页)内学术交流及论坛;⑤开展和资助维护公众环境权益和环境保护领域社会公共利益的理论研究和实践活动,推进我国环境法治;⑥开展和资助生物多样性保护与绿色发展领域公众参与、社会监督,多渠道多角度为生物多样性保护与绿色发展领域公众参与和社会监督创造条件,构建生物多样性保护与绿色发展领域的平台;⑦开展和资助生物多样性保护与绿色发展领域政策、法律、法规和环保科技咨询服务;⑧按照规定经批准组织奖励为生物多样性保护及绿色发展事业做出贡献的团体和个人;⑨开展和资助符合本基金会宗旨的其他项目及活动。

[1] 腾格里沙漠位于内蒙古自治区阿拉善左旗西南部和甘肃省中部边境,总面积约4.3万平方公里,为中国第四大沙漠。受污染的腾格里沙漠东南边缘位于宁夏中卫市,该地于2014年8月被媒体披露出建有排污池用于储存腾格里工业园区部分企业未经处理的废水,待其自然蒸发后的黏稠沉淀物被用铲车铲出,直接埋在沙漠里,从而导致当地环境和沙漠地下水形成严重污染。中国绿发会状告的八家涉案污染企业具体为:中卫市美利源水务有限公司、宁夏蓝丰精细化工有限公司、宁夏华御化工有限公司、宁夏大漠药业有限公司、宁夏中卫市大龙化工科技有限公司、宁夏瑞泰科技股份有限公司、宁夏明盛染化有限公司、中卫市鑫三元化工有限公司。2015年8月13日,中国绿发会以环境民事公益诉讼原告身份与涉嫌污染腾格里沙漠的八家企业对簿公堂,诉请法院依法判令被告:①停止非法污染环境行为;②对造成环境污染的危险予以消除;③恢复生态环境或者成立沙漠环境修复专项基金并委托具有资质的第三方进行修复;④针对第二项和第三项诉讼请求,由法院组织原告、技术专家、法律专家、人大代表、政协委员共同验收;⑤赔偿环境修复前生态功能损失;⑥在全国性媒体上公开赔礼道歉等。直至2017年8月28日两年的时间内,历经三级法院四次审理之后,最终以法院调解的方式结案。2015年8月13日至2015年8月19日期间,宁夏中卫市中级人民法院对此案进行一审,法院以中国绿发会不是适格主体为由,裁定驳回起诉;2015年8月27日至2015年11月24日期间,宁夏回族自治区高级人民法院对此案进行二审,也以同样理由驳回上诉维持原判;2015年11月24日至2016年1月28日期间,最高人民法院对此案进行再审,认定一二审法院适用法律错误,确认中国绿发会具备原告起诉资格,最终裁定撤销一二审法院裁定,并裁定中卫市中级人民法院立案受理。此案于2016年2月3日由宁夏回族自治区中卫市中级人民法院立案受理,之后,该系列民事公益诉讼案件于2017年8月28日,最终以法院调解的形式得以结案。原被告协议约定:八家企业共承担5.69亿元用于腾格里沙漠环境服务功能修复,并因其环境污众公开赔礼道歉;并

公益活动"的指导性适用。

中国绿发会就腾格里沙漠系列污染提起的环境民事公益诉讼与江苏省泰州市环保联合会提起的"1.6亿元天价"环境民事公益诉讼案十分相似,二者被告均涉及多家企业、索赔数额均是以亿计量、诉讼程序均历经一审二审和再审。二者之间所不同的是,一审启动时间一个在《环境保护法》修订之前,一个在《环境保护法》修订之后,且在最高人民法院已经就提起环境民事公益诉讼的社会组织范围作出具体司法解释之后。正是因为起诉时间的不同,中国绿发会就腾格里沙漠环境污染提起的系列民事公益诉讼案中,环保社会组织民事公益诉讼原告主体资格的认定标准成了法院审理的焦点问题。

经中卫市中级人民法院和宁夏回族自治区高级人民法院两级人民法院审理后,中国绿发会的环境民事公益诉讼原告主体资格均未得到法院认可。上述法院裁定不予受理立案的理由是:依据中国绿发会的章程,中国绿发会的宗旨与业务范围虽然是维护社会公共利益,但其登记证书所确定的业务范围里没有从事环境保护业务这项,说明中国绿发会的业务活动并非是"从事环境保护公益活动"。因此,中国绿发会不是《环境保护法》和《最高人民法院关于审理环境民事公益诉讼案件适用法律若干问题的解释》所规定的有权提起民事公益诉讼的社会

(接上页)承担环境损失公益金600万元。600万元环境损失公益金是支付到中卫市中级人民法院账户上的,对于其使用,协议约定以环境慈善信托方式进行管理,用于腾格里沙漠周边、黄河中上游的环境保护工作。程序上需要依据信托资金约定的适用范围,设立决策委员会,由专家、地方政府官员、人大代表、社会组织代表组成委员会,投票表决这笔资金的具体使用,只要是符合使用目的范围的机构都可以申请使用。

组织。[1]可见，一、二审法院严格依照法律条文和最高人民法院相关司法解释的文字表述，对中国绿发会的民事公益诉讼原告主体资格进行审查后，否定了中国绿发会的原告主体资格。然而，与之相反，最高人民法院经过再审之后，作出了认可中国绿发会环境民事公益诉讼再审裁定的结论。与一、二审相比较，最高人民法院对中国绿发会环境民事公益诉讼原告主体资格所作的肯定性裁定，在法律条文依据上并无二致；只不过最高人民法院对条文规定做的是文义解释，而一、二审法院所做的只是书面解释。

最高人民法院对中国绿发会就腾格里沙漠污染系列民事公益诉讼案所作的再审裁定，以鼓励、引导和规范社会组织提起环境民事公益诉讼为目的，明确了环保社会组织"专门从事环境保护公益活动"的审查方向，确定了环保社会组织是否从事环境保护公益活动的判断原则和标准。[2]上述认定原则和标准包括三个层面：其一，对环保社会组织章程应从内涵进行解读，

---

[1]《环境保护法》第58条规定的内容之一是"专门从事环境保护公益活动连续五年以上且无违法记录"；《最高人民法院关于审理环境民事公益诉讼案件适用法律若干问题的解释》第4条规定，"社会组织章程确定的宗旨和主要业务范围是维护社会公共利益，且从事环境保护公益活动的，可以认定为环境保护法第五十八条规定的专门从事环境保护公益活动。社会组织提起的诉讼所涉及的社会公共利益，应与其宗旨和业务范围具有关联性"。

[2] 社会组织是否符合"专门从事环境保护公益活动"条件，应重点从其宗旨和业务范围是否包含维护环境公共利益、是否实际从事环境保护公益活动，以及所维护的环境公共利益是否与其宗旨和业务范围具有关联性等三个方面内容进行审查。其中，"宗旨和业务范围包含维护公共利益"为形式要件，"从事环境保护公益活动"为实质要件，"环境公共利益与其宗旨和业务范围具有关联性"为关联性要件。详见最高人民法院案例指导工作办公室："《中国生物多样性保护与绿色发展基金会诉宁夏瑞泰科技股份有限公司环境污染公益诉讼案》的理解与参照——社会组织是否具备环境民事公益诉讼原告主体资格的认定"，载《人民司法》2018年第23期。

而不是简单依据文字表述进行判断,即便章程载明的宗旨和业务范围未写明"维护环境公共利益",也可以根据其实际从事活动内容属于法律规定的"环境"概念范畴(比如生物多样性属于环境的一种存在状态,包括物种内部、物种之间和生态系统多样性等内容)来认定环保社会组织的主体身份。其二,环保社会组织切实从事环境保护公益活动,不仅包括直接改善生态环境的行为(如植树造林、濒危物种保护、节能减排、环境修复等活动),还包括与环境保护有关的有利于完善环境治理体系,提高环境治理能力,促进全社会形成环境保护广泛共识的活动,如宣传教育、研究培训、学术交流、法律援助、公益诉讼等。其三,环保社会组织提起的环境民事公益诉讼与其宗旨和业务范围具有对应性或者一定关联性,从而确定其诉讼能力。

从发展趋势来看,自我国《环境保护法》修订以及相关司法解释出台以来,环保社会组织提起环境民事公益诉讼的案件数量、涉及范围、诉讼结果、社会反响都取得了长足性发展。阶段性统计显示:"2015年1月至2017年6月,全国法院共受理社会组织提起的环境民事公益诉讼案件150件,审结63件。从案件数量看,2016年7月至2017年6月,各级人民法院共受理社会组织提起的环境民事公益诉讼案件57件,审结13件。从案件分布地域范围看,社会组织在北京、天津、河北、内蒙古、辽宁、吉林、江苏、浙江、安徽、福建、山西、山东、河南、湖北、湖南、广东、海南、四川、贵州、云南、重庆、甘肃、宁夏、陕西、广西、江西、新疆等27个省、自治区、直辖市提起公益诉讼案件,较上年度同时期增加7个地区,特别是在京津冀、长江经济带等重点地区的主要区域已经基本实现全覆盖。从起诉主体来看,目前已经提起环境民事公益的社会组织达到

25个,较上年度同时期增加11个。除了传统的大气、水、土壤等环境要素外,涉及气候变化、濒危植物、湿地、自然保护区以及人工环境等环境要素也已经成为社会组织提起公益诉讼的保护对象。"[1]

---

[1] 赵光:"环境民事公益诉讼主体多元化的思考与应对",载搜狐网:https://www.sohu.com/a/308673623_754323,访问日期:2020年2月25日。

第三章 环保社会组织民事公益诉讼的程序规则探究

一、环保社会组织民事公益诉讼原告主体的多元顺位

依据我国《民事诉讼法》的现有规定，环境民事公益诉讼原告存在多元主体，且存在第一顺位和第二顺位的差别。其中，检察机关作为环境民事公益诉讼原告处于第二顺位，只有当第一顺位的原告怠于提起民事公益诉讼时，检察机关方能以民事原告的身份提起公益诉讼。但就我国环境公益诉讼的司法实践来看，近几年，第二顺位公益诉讼原告起诉的案件远多于第一顺位公益诉讼原告。"从案件数量上看，环境公益诉讼案件主要集中在检察公益诉讼，而社会组织提起的环境公益诉讼案件数量偏少。2015 年以来，全国法院受理的社会组织环境公益诉讼案件年均 51 件。在我国 32 个省、自治区、直辖市中，受理社会组织提起的公益诉讼案件数量 10 件以上的仅有江苏、山东、湖北、安徽、广东、吉林等地，而案件数量在 5 件以下的则达到 11 个，其中黑龙江、西藏、青海迄今还未实现案件零的突破。"[1] 检察机关环境公益诉讼案件数量的激增始于我国自 2015 年 7 月份以来开始的检察公益诉讼试点方案执行，也与我国 2017 年

---

[1] 江必新："中国环境公益诉讼的实践发展及制度完善"，载《法律适用》2019 年第 1 期。

《民事诉讼法》和《行政诉讼法》两大程序法增设检察公益诉讼条款密切相关。与检察机关相比较而言，我国环保社会组织公益诉讼案件增幅较小的原因有二：一是环保社会组织只能提起环境民事公益诉讼案件，而无权提起环境行政公益诉讼，比检察机关环境公益诉讼的案件类型少一个；二是环保社会组织因受到注册登记、年限时间、业务宗旨和范围等体制机制的影响而发展缓慢。但从时间纵向角度来比较，环保社会组织提起环境民事公益诉讼案件的数量、涉及范围、环境类型等均有大幅度提升。环保社会组织作为民事公益诉讼第一顺位原告的法律主体地位，并不能因为它在当今特定发展阶段提起公益诉讼案件较少而被否认。

环境社会组织作为《民事诉讼法》规定中"有关组织"的范畴，与"法律规定的机关"同处于民事公益诉讼的第一顺位。然而，至于处在第一顺位的两类民事公益诉讼原告之间的顺位关系如何，无论是《民事诉讼法》还是《环境保护法》都没有再进一步的法律条款予以规制。如前所述，就环境公共利益代表主体而言，环保社会组织首当其冲，其作为民间的、自愿的公益性组织，比法律规定的机关更具有代表性。因此，对环境民事公益诉讼原告资格进行横向比较，与检察机关的原告主体相比，环保社会组织和法律规定机关虽然都处于第一顺位原告主体地位。但是，在第一顺位的两类民事公益诉讼原告之间，仍应存在进一步的横向顺位排列问题，即环保社会组织的原告顺位排在法律规定的机关之前。如此一来，环境民事公益诉讼多元原告之间的横向顺位排列就变成了三级顺位，环保社会组织优先排在第一顺位，法律规定的机关则处于第二顺位，而检察机关则处于第三位的民事公益原告。环境民事公益原告主体资格的取得，可以依据现行《民事诉讼法》确定的规则来实现。

即处于后一位次的主体拟出任民事公益诉讼原告时，应以公告或公示的形式向社会公开，待没有前一个位次的主体出来申报出任原告时，后一位次的主体方能以原告身份提起民事公益诉讼。此种安排是在不同类型民事公益原告主体之间横向处理的结果，而在某一类民事公益原告主体内部之间还存在纵向上的顺位排列问题。

处于第一顺位民事公益诉讼原告的环保社会组织具有多种多样的存在形式，划分标准不同，环保社会组织的存在形态也各不相同，继而致使其出任环境民事公益诉讼原告的程序、规则和结果也各不相同。从环保社会组织的注册登记机关来看，虽然都是在民政部门注册登记，但是民政部门所处的级别有所不同，有的在国家民政部注册登记，有的在省级民政部门注册登记，有的在市级民政部门注册登记，还有的在县级民政部门注册登记。一般而言，越高一级别民政部门注册登记的环保社会组织，行为能力越强、组织规模越大、活动范围越广，由其出任环境民事公益诉讼的原告便越能取得所诉求的环境保护效果。以社会团体类的环保社会组织为例，根据登记机关的差异，环保社会组织可以被具体分为全国性的、地方性的和跨区域性的三种情形。依据属地管辖原则，登记机关注册登记的内容之一是环保社会组织的活动地域，该项内容被规定于环保社会组织提交审批的章程草案之中。在不同登记机关注册登记的环保社会组织，其活动区域限于登记机关所能管辖的范围之内，登记机关无权超越自己的管辖区域进行越界审批。由此看来，在同一级别民政部门注册登记的环保社会组织，无法跨越登记机关所辖区域而提起越界环境民事公益诉讼。这在某种程度上可以为环保社会组织内部出任民事公益公诉原告主体的程序确定一定的前置规则。然而，在高级别的民政部门登记的环保社会

第三章 环保社会组织民事公益诉讼的程序规则探究

组织,其活动地域理当涵盖在低级别民政部门登记的环保社会组织的活动区域。针对某一地区环境污染或生态破坏事件,若环保社会组织以民事公益诉讼原告身份提起诉讼,究竟是由低级别民政部门登记的提起呢,还是由高级别民政部门登记的提起呢,抑或由二者同时提起呢?就此,我国现行诉讼程序规则并未作出相应规定,这在某种程度上不利于对环境公共利益的维护和实现。

从区域分布来看,由于受到经济、社会、文化发展水平的限制,环保社会组织在地区之间呈现出区域发展不平衡的特点。"我国环保组织的发展呈现出了极大的地域间差异,东南沿海、经济发达的地区环保组织发展较为成熟,而中部、经济欠发达地区环保组织发展则较为落后。"[1]一般而言,在经济社会发展较好的地区,如北京、上海、广东、深圳等一线城市,它们更容易汇集较多的人力、物力、财力,投入到环境保护事业之中;也更可能获得当地政策的大力支持,因此环保社会组织的发展速度较快、数量较多、效果较好。以广东省为例,据《2018年广东环保社会组织发展报告》统计,截至2018年10月31日,广东省正式注册登记的环保类社会组织数量共计321家。而在2012年广东省《关于进一步培育发展和规范管理社会组织的方案》(粤发〔2012〕7号)实施前后,广东全省各类环保社会组织总量只有194家。相比较而言,广东省内环保社会组织的增量和增速在全国同级别省市中都处于较为领先的地位。不仅如此,广东省环保社会组织正处于从量变到质变的发展过程中,其发展模式正逐渐从"数量规模型"向"质量效益型"转变。环保社会组织在广东省发展的个别案例,说明当地经济社会的

---

〔1〕 李天相等:"我国社会组织作为环境公益诉讼原告主体的本土特性",载《中国环境管理干部学院学报》2016年第4期。

良好发展以及政策支持,是其得以快速发展的动力和关键所在。此外,如中华环保联合会、北京朝阳区自然之友环境研究所、北京地球村环境教育中心、中华环保基金会等都是在北京注册登记的,上述环保社会组织在全国范围内的影响力比较大,它们基本上已经成为提起环境民事公益诉讼的中坚力量。

虽与我国经济社会发达地区环保社会组织发展背景不同,但在我国偏远地区或者原始生态保持良好地区,环保社会组织往往也能得到较好的发展,这源于对其丰富自然资源的有序开发以及脆弱的生态积极保护。比如,湖南的绿色潇湘、内蒙古的阿拉善SEE生态协会、贵州的贵阳环境教育中心、四川的绿色江河促进会等近些年都在逐渐的发展壮大之中,它们的快速发展源于对当地脆弱的生态环境进行保护的必要性和紧迫性,社会各界对其环境保护活动的支持力度较大,当地政府部门也较为重视对其的引导培育和规范管理。从总体情况来看,环保社会组织发展较好的区域呈现出经济社会发达地区和不发达地区的两极化趋势,而其他地区环保社会组织的发展较为缓慢,由其作为诉讼原告提起民事公益诉讼的案例也比较少。从环保社会组织提起环境民事公益诉讼的地区分布来看,在江苏、云南、福建、广东、北京等地民政部门登记的环保社会组织起诉比例较高。这也就意味着这些地方的环保社会组织发展较为成熟,其诉讼能力、诉讼经验、诉讼效果也比较好。就此,环保社会组织民事公益诉讼原告主体资格顺位设置时应予以考虑。否则,环境民事公益诉讼救济渠道所能取得的环保效果将会大打折扣。

从环保社会组织的业务活动范围来看,随着人们环境保护意识的增强,环境保护领域在不断专业化、精细化、多样化,许多环保社会组织往往只针对某一种、某一类或者某一项环境要素、环境现象开展活动。针对各种不同的环境问题,如气候

第三章 环保社会组织民事公益诉讼的程序规则探究

变化、水土流失、土壤污染、大气污染、噪音污染、放射性污染、重金属污染等，许多不同种类的环保社会组织往往有着属于自己专攻的活动方向。随着我国环境民事公益诉讼制度的不断推进，提起环境民事公益诉讼的环保社会组织类型涵盖了我国现行法律规定和司法解释所规定的社会团体、民办非企业单位以及基金会等全部三种类型，注册地涉及13个省（区、市）[1]。无论怎样，环保社会组织都不可能穷尽环境问题可能涉及的情形，更何况我国现阶段的环保社会组织发展仍处于初步发展阶段，数量少、增速慢、力量弱、不规范等都属于其在该阶段的特点。

近年来，我国环保社会组织的活动领域多数是与人们日常生活息息相关的环境要素，如大气、水、土壤、海洋等案件。以自然之友为例，随着我国环境民事公益诉讼环保社会组织原告主体资格条文规定在《民事诉讼法》和《环境保护法》中被确定，"2014年下半年，'自然之友'开始在全国全面开展环境公益诉讼个案的实践。截至2017年11月，'自然之友'在全国共提起32起公益诉讼个案，包括大气污染类11起、水污染类6起、土壤污染类7起、生态破坏类8起，其中立案25起，审结7起"[2]。而且，在上述领域从事环保活动的环保社会组织数量较多、规模较大。与之相比，一些针对某一种环境资源或生物

---

[1] "截至2018年9月，提起环境公益诉讼的社会组织增加到了22家，包括中国生物多样性保护与绿色发展基金会、中华环保联合会、中华环境保护基金会、北京市朝阳区自然之友环境研究所、北京丰台区源头爱好者环境研究所、贵州省青年法学会、贵阳公众环境教育中心、河南省环保联合会、河南省企业社会责任促进中心、成都市河流研究会、重庆两江志愿者服务发展中心、常州市环境公益协会、福建省绿家园环境友好中心、安徽省环保联合会、广东省环境保护基金会、上海市环境科学研究院、湘潭环境保护协会、山东省环境保护基金会等。"详见江必新："中国环境公益诉讼的实践发展及制度完善"，载《法律适用》2019年第1期。

[2] 葛枫："我国环境公益诉讼历程及典型案例分析——以'自然之友'环境公益诉讼实践为例"，载《社会治理》2018年第2期。

的环保社会组织则相对较少,如鸟类保护协会、小动物保护协会等小众化类型环保社会组织发展缓慢。与此同时,也有许多环保社会组织对生态环境进行了笼统性保护,认为只要是涉及对生态环境产生不利影响的行为活动,都属于自己的业务范围。面对复杂多样的生态破坏或环境污染问题,环保社会组织的多类型存在对于环境民事公益诉讼原告主体的确定提出了挑战。对于究竟由哪一个或哪几个确定的环保社会组织单独或共同就受损生态环境提起民事公益诉讼,倘若不能依靠一定的程序规则予以确定,那么无论是对于生态环境的持续损害,还是对于环保社会组织之间人力、物力、财力上的内部损耗,都将带来极为不利的后果。

如前所述,以环境保护为宗旨的环保社会组织能够超越自身利益的狭隘性,最能代表环境公共利益。一旦发生环境污染、生态破坏等环境问题,环保社会组织可以通过提起环境公益诉讼的方式,代表社会公众追究致害主体的法律责任。"鉴于环境公益诉讼仍属于新生诉讼形式,并考虑到不论是直接还是间接保护环境的活动,都是社会组织具备专业能力的体现",[1]针对多样、复杂、系统的自然环境,各种类型的环保社会组织可谓五花八门。加之我国土地面积广阔、环境资源多样,因此在全国各地、各级民政部门注册登记的环保社会组织必然不在少数。就环境公益诉讼个案而言,何种环境案件、何样环境公益、何地环境社会组织、依据何种程序规则、提起何等诉讼请求,凡此种种都关系到环境公共利益能否切实有效地得到实现。

---

[1] 最高人民法院案例指导工作办公室:"《中国生物多样性保护与绿色发展基金会诉宁夏瑞泰科技股份有限公司环境污染公益诉讼案》的理解与参照——社会组织是否具备环境民事公益诉讼原告主体资格的认定",载《人民司法》2018年第23期。

第三章　环保社会组织民事公益诉讼的程序规则探究

首先，有权提起环境公益诉讼的环保社会组织应当具有合法的主体资格，即应当仅限于依《民事诉讼法》和《环境保护法》规定在民政部门登记在册的环保社会组织。否则，法院将因环保社会组织不具有原告主体资格而不受理其诉讼，以此来避免因滥诉而造成的讼累。依法履行注册登记手续的环保社会组织，其环境公益活动同时受到环保部门和民政部门的双重监管，前者为业务监管，后者为行政监管。与此同时，社会公众也可对环保社会组织的各项环境公益活动进行社会监督。只有以规范的形式明晰环保社会组织的权利和责任，才能有效地规制其作为环境民事公益讼原告的行为活动，如此一来，也才能有效地发挥其利用民事公益诉讼途径维护环境公共利益的职能和作用。

其次，环保社会组织所代表的是环境公益而非私益，即不特定多数人的环境利益，而非特定的某些人的环境利益。环保社会组织民事公益诉讼的案件来源，可以依靠环保志愿者主动发现，也可以接受环境侵害受损人举报，还可以是相关部门的公益诉讼建议。无论如何，环保社会组织所考虑的都是自然环境本身的利益保护或修复问题，而并非是以受损环境为介质所造成的他人人身或财产的损失。前者属于环境公益的范畴，一方面任何人都不可能离开自然环境而兀自存在，一旦环境受损，所有人都可能成为受害者；另一方面环境利益并非为某个人或某些人所独享，若要为受损的自然环境代言，往往存在代表主体缺位的情形。后者则属于环境私益的范畴，是与环境有关的人身权或财产权，其权利主体是法定的、具体的、明确的，一旦遭受侵犯，受害人有权依法追究致害人的法律责任。

最后，环保社会组织出任环境公益的代表，应当遵守一定的程序规则，以避免多家环保社会组织争相维权，或者环保社会组织之间相互推诿,消极维权。为此,一旦涉及环境公益维权事项,有必要设立环境公益代表主体资格公告前置程序,即有意担当环境公益代表主体的环保社会组织应当向有权部门提出申请,然后由该部门向社会发出公告,催促其他有同样意向的公益性环保社会组织进行申报。之后,受理申报的部门应通过一定的程序规则,最终确定环境公益的代表主体并向社会发布。对于多个环保社会组织争相代表环境公益的情形,受理申报部门如认为确有必要,还应组织听证程序,以确保环境公益代表主体资格具有科学性、合理性和广泛性,并在一定期限内将听证过程和听证结论向社会公示。倘若没有任何环保社会组织向社会提出申请,那么可由其他相关主体(如环保行政机关、检察机关)通过特定程序出任环境公益代表人。

二、环保社会组织民事公益诉讼的前置程序与行为限制

随着我国经济社会的不断发展以及全民文化知识水平的持续提高,各式各样的社会组织获得了飞速发展。环保社会组织是我国诸多社会组织中发展较快的一种类型,面对日益严峻的环境状况,许多环保志愿者自发组织起来,积极开展保护清水、绿地、蓝天、海洋等生态环境的活动,并通过起草制定章程、租赁办公场所、寻找社会捐赠等活动,满足注册登记所需条件要求。环保社会组织之所以能够获得如此快速的发展,究其原因,除了环保社会组织成员的环保热情和积极动力之外,还离不开外部环保行政主管部门的有效引导和培育。例如,我国生态环境部在《2018年环境宣传教育工作要点》(环办宣教[2018]17号)中就曾把各地环保社会组织的健康发展作为当年的重点工作予以推进,积极引导环保社会组织参与环境保护。该文件强调:"2018年,各省级环保部门至少重点培育3家基础较好、

第三章 环保社会组织民事公益诉讼的程序规则探究

富有影响力的社会组织,其中包括1家高校环保社团。"

环保社会组织参与环境保护的方式有很多,如参与行政主管部门的环境决策、[1]提供专业的环境服务、参加有关部门组织的环境影响评价听证会、论证会、座谈会等。除此之外,提起环境民事公益诉讼也是环保社会组织积极参与环境保护的方式和途径之一。然而,并非所有的环保社会组织都能以寻求司法救济的方式参与到环境保护之中,我国在制度上对其环境民事公益诉讼原告主体资格进行了严格限定。在环境民事公益诉讼案件中,并非所有的环保社会组织都适合提起诉讼。"起诉不是目的,取得胜诉并且判决得到执行进而有效保护环境才是环境民事公益诉讼的目标。即使对所有环保组织都打开起诉之门,能否通过诉讼实现环保目标也是未知数。其间难免出现部分无能力或不专业的环保组织导致诉讼拖延,或因自身问题而无端败诉,难以及时有效地保护环境的现象。"[2]不仅如此,我国许多实际从事环境保护工作的社会组织并不具有合法身份,有些环保社会组织甚至从事环保工作多年仍未取得法律上的认定和许可。严苛的注册登记条件在很大程度上限制了我国环保社会组织的发展。依据《社会团体登记管理条例》的规定,环保社会组织若在民政部门登记注册,需要符合两个条件:条件之一是须有对口的业务主管部门对其进行管理,并"应当经其业务

---

[1] "在现实中,公众参与生态环境保护的路径并不多,政府有限的环保投诉窗口无法满足公众反映环境问题的需求。这就需要在政府的主导下,以环保社会组织为平台,将公众的个体诉求通过环保社会组织集中反馈给相关政府部门,并利用不同的媒体渠道引起全社会的广泛关注,使得公众利益能够得到及时、有效的保护。"详见刘鹏:"环保社会组织参与生态环境保护的现实路径",载《行政与法》2019年第9期。

[2] 黄亚洲、孔金萍:"环境民事公益诉讼原告资格的破与立——法律拟制的程序中利益主体",载《沈阳工业大学学报(社会科学版)》2019年第6期。

主管单位审查同意";条件之二是"有50个以上的个人会员或者30个以上的单位会员"。只有在同时具备上述两个条件时,环保社会组织方可在民政部门注册登记。"双重管理"的注册登记制度致使我国多数环保社会组织游离于合法组织之外,而符合登记条件要求得以获得合法身份的环保社会组织则在少数。

伴随全民环境意识的提升,环保社会组织以环境公益代表主体身份提起民事诉讼的司法实践逐渐在许多地方人民法院得以实现。自2013年1月1日修订后的《民事诉讼法》环境公益诉讼条款正式生效以来,环保社会组织民事公益诉讼原告主体资格有了明确的法律依据。然而,进一步具体适用规则的缺失导致环保社会组织和人民法院在有关环境民事公益诉讼案件上无所适从,这种情况一致持续到了2014年我国《环境保护法》的修订。鉴于环境公益诉讼救济的严肃性,为避免滥诉而造成不必要的讼累,我国法律规范对于环保社会组织提起环境民事公益诉讼的条件进行了限制性规定。有资格出任环境民事公益诉讼原告主体的环保社会组织不仅需要依法注册登记,而且需要在一定级别以上的登记机关注册登记。不仅如此,环保社会组织的成立时间以及其遵纪守法的信用情况也受到了限定。否则,环保社会组织没有资格出任民事公益诉讼的原告。依据我国现行《环境保护法》的规定,环保社会组织若取得民事公益诉讼原告主体资格:首先要求依法在设区的市级以上政府民政部门注册登记,除依法注册登记之外,还需满足专门从事环境公益活动5年以上的条件要求,且不能通过诉讼进行牟利。达到上述条件要求的环保社会组织方有资格出任民事公益诉讼的原告,这在某种程度上改变了社会组织的原告诉讼权利能力始于成立的传统法律规定。一般从诉讼权利能力而言,"依法成立从事环境保护公益活动的组织就犹如法律拟制的人,其从成立

第三章 环保社会组织民事公益诉讼的程序规则探究

起就应该具有提起诉讼的权利,对其诉讼的行为能力应该从其他方面考量"。[1]而从我国现有法律规定来看,环保社会组织的民事公益诉讼权利能力不同于其他一般的诉讼权利能力。环保社会组织的一般诉讼权利能力始于其在民政部门注册成立、获得合法身份之时,而民事公益诉讼权利能力的取得时间晚于一般诉讼权利能力的取得时间,即需要在其注册成立基础上再经过一定的时间并附加法定条件之后,环保社会组织方能享有民事公益诉讼权利能力。

从环境民事公益诉讼案件的特征来看,环保社会组织在多元民事公益诉讼原告中排在第一顺位,至于其他类型的民事公益诉讼原告则排在不同的顺位,如法定机关或者检察机关等处于第二、第三顺位。因此,我们仅就第一顺位的环保社会组织这一种类型的民事公益诉讼原告资格进行分析,以确定环境民事公益诉讼原告资格规则。我国现阶段有关环保社会组织活动的制度规范不太健全,由其出任环境民事公益诉讼原告的程序规则不够细化,同时针对各种不同环境要素的社会组织种类繁多、能力大小有别、水平参差不齐。"中国环保社会组织要置于中国情景之下,中国政府代表全社会利益,具有整体利益的代表性;中国环保社会组织中的大多数代表着局部利益,常常为单一的环保目标与政府发展冲突,具有局部利益的代表性。"[2]是故,环保社会组织在提起民事公益诉讼之前,应该借助一定的程序规则进行筛选,以便后续环境公共利益司法救济工作的有效推进,同时也可节约司法资源。

---

[1] 陆红、宋永杰:"环境民事公益诉讼原告资格研究——基于环保组织起诉化工企业案的分析",载《河海大学学报(哲学社会科学版)》2016年第5期。

[2] 张劲松:"中国环保社会组织的中国路",载《学习论坛》2018年第3期。

随着我国环境民事公益诉讼理论制度和司法实践的不断推进，环保社会组织提起此类诉讼的程序日臻完善、能力日渐提高、效果日益展现。为深入推进我国环境民事公益诉讼的有序发展，必须全方位提升环保社会组织的公益维护能力，"特别是加强环保社会组织参与生态环保民事公益诉讼的途径，可以通过专业培训的方式，着重培养环保社会组织的鉴定能力，以保证环保社会组织能够真正参与到生态环保工作的各个环节之中"。[1]环保社会组织是非营利性组织，具有公益性特点，其设立宗旨和业务范围所代表的是不特定多数人的环境公共利益，它是环境公益的代言人。而环境民事公益诉讼是以环境公共利益维护为诉求的司法救济，由环保社会组织出任此类诉讼的原告正契合了二者所共有的公益性特征。"环境民事公益诉讼涉及一定区域内整体利益相关者的合法权利维护，具备集体性和复杂性。其诉讼性质也就要求公益诉讼主体须具有非常强的专业性和公信力。"[2]环境民事公益诉讼中涉诉利益的归属主体是一定区域环境中的不特定多数人，而并非民事公益诉讼的提起者——环保社会组织。"这里就出现了一个逻辑上的悖论现象：公民个人作为权利的直接受害者不能提起公益诉讼，而权利未受到直接侵害的社会组织则可以依法提起诉讼，导致了权利受害者与权利诉讼者之间的断层现象。"[3]因此，环境民事公益诉讼的原告主体与诉讼利益归属主体是相对分离的，前者本质上是形式意义上的原告，后者是实质意义上的环境公益归属主体——社会

---

〔1〕 刘鹏："建立健全环保社会组织参与机制"，载《吉林日报》2019年5月29日。

〔2〕 陆红、宋永杰："环境民事公益诉讼原告资格研究——基于环保组织起诉化工企业案的分析"，载《河海大学学报（哲学社会科学版）》2016年第5期。

〔3〕 胡印富、张霞："公益诉讼的司法图式及其反思"，载《山东社会科学》2019年第12期。

公众，他们才是良好生态环境的享有者和受益者。"原告在程序中应当是法律拟制的环境公益主体，享有环境公益的处分权，然后通过事前法律拟制最适宜的提起诉讼者、诉中流程的全公开和事后诉讼效果的评价监督机制防范公益受损。"[1]

在环境民事公益诉讼中，环保社会组织的行为活动仅限于对良好环境的救济维护，而无权对之做出实际性的处分，除非它以法定形式获得了社会公众的明确授权。上述行为限制事宜，多以条款的形式被规定于环保社会组织活动章程之中。凡违反章程规定实施禁止行为者，环保行政主管部门、民政部门以及人民法院均得以其不具有相应权利能力为由，对其行为活动不予支持，甚至依法追究其法律责任。就环保社会组织的行为活动而言，不能仅仅依靠其内部组织章程予以限定，还应通过外部制度规范对其活动范围以及禁止性活动事项予以明确，从而将环保社会组织的行为活动纳入法治化轨道。在这一方面，德国作为大陆法系具有代表性的国家之一，"德国联邦层面规定环境团体公益诉权的有《联邦自然保护法》《环境损害预防及恢复法》和《环境救济法》"，[2]其在环境团体诉讼制度[3]方面的规定可以给我们带来诸多启示。"德国对社会组织提起公益诉讼虽然给予承认但也制定了诸多约束，并做了细致而具体的程序

---

[1] 黄亚洲、孔金萍："环境民事公益诉讼原告资格的破与立——法律拟制的程序中利益主体"，载《沈阳工业大学学报（社会科学版）》2019年第6期。

[2] 胡静："环保组织提起的公益诉讼之功能定位——兼评我国环境公益诉讼的司法解释"，载《法学评论》2016年第4期。

[3] "从德国发展环境团体诉讼的经验来看，德国一直处于被动发展的过程中：一方面，立法者始终坚持保守主义的态度，但学者与政治家一直积极推动环境团体诉讼的前进；另一方面，外在的欧盟法与欧盟法院对德国相关立法有强制推动作用。从我国的现状来看，我国所经历的发展与之有相同之处，即立法者的保守态度。"详见吴宇："德国环境团体诉讼的嬗变及对我国的启示"，载《现代法学》2017年第2期。

上、制度上的安排。"[1]具体而言：第一，只有具备诉讼权利能力和诉讼资金保障，并能代表一定范围内的普遍观念的民间组织才能提起诉讼；第二，为社会组织提起公益诉讼设置了诉讼前程序。另外，德国还对民间组织诉讼的案件范围进行了严格的限定，民间组织能够提起诉讼的事项仅仅限于法律规定的情形。并且规定，起诉必须是为了团体成员的利益，而且必须是团队成员中多数人的共同利益，起诉必须严格按照实体法的明文规定，如果团队没有得到授权就只能提起禁止令，而不能提起赔偿诉讼。与德国的团体诉讼制度不同，美国实施的是公民诉讼制度，该制度创自于美国1970年的《清洁空气法》，并被之后多部美国环境单行法[2]所规定。"整体来看，这些公民诉讼条款内容大同小异，授权任何公民可以针对违反环境标准、排放限制的行为，或者针对美国环保部的行政不作为依法提起民事诉讼，要求法院针对被告依法作出禁止性救济，并处或单处罚款，并有权要求被告向原告支付合理的律师费。"[3]美国的公民诉讼制度虽然与我国的环境民事公益诉讼制度具有本质上的差别，但这并不影响其对我国环保社会组织提起环境民事公益诉讼制度建设的借鉴价值。

"环境是一种公共物品，它既具有资源经济功能，又具有生态环境功能。前者通过制度设计中的资源权属规范体现为某种

---

[1] 雷苗苗："探析社会组织民事公益诉讼主体资格的建构"，载《社科纵横》2018年第7期。

[2] 美国国会在《清洁空气法》《清洁水法》《资源回收与保护法》《有毒物质控制法》等十多部法律中设立公民诉讼条款，赋予公民起诉污染者和政府的资格，以革新执行机制。环保组织获得起诉资格的依据是公民诉讼条款。详见胡静："环保组织提起的公益诉讼之功能定位——兼评我国环境公益诉讼的司法解释"，载《法学评论》2016年第4期。

[3] 张辉："美国公民诉讼之'私人检察总长理论'解析"，载《环球法律评论》2014年第1期。

确定的私益，而后者因为其整体联系性和不可分割性体现为一种环境公益，所有生命体都是公共环境的参与者、享有者、受益者和维护者，其最显著的特点是所有权主体模糊、容易受侵害和法律救济不充分。"[1]环保社会组织是环境公益的代表主体，它负有特殊的使命，是良好生态环境的维护者。当生态环境因人类开发利用活动遭受不利损害之时，环保社会组织应当仁不让地负起保护的责任。然而，它却不能超越所有生命体的意志而对环境公共利益做出处置。比如，以某种交易形式许可污染行为人或生态破坏者的开发利用活动，或者在公益诉讼过程中擅自免除、减轻对方当事人的法律责任。否则，环保社会组织的功能作用将适得其反，并极有可能沦为环境公益致害者寻租的对象。这可以在《最高人民法院关于审理环境民事公益诉讼案件适用法律若干问题的解释》中找到相关依据，如禁止环境民事公益诉讼被告提起反诉（第17条），原被告双方达成调解协议或和解协议的须经法院向社会予以公告，待公告期满后法院还需在审查协议内容基础上出具调解书（第25条）。

三、环保社会组织民事公益诉讼请求范围界定

"原告提起民事诉讼，其诉讼请求限定了法院审理的范围，也表达了原告对自身请求国家司法机关保护的权利指涉客体。"[2]根据我国《民事诉讼法》的规定，环保社会组织提起的民事公益诉讼是针对污染环境、损害社会公共利益的行为而提起的诉讼。环境民事公益诉讼案件的争议对象件往往是关乎人类生存

---

[1] 秘明杰：："我国环保团体之环境诉讼主体资格探析"，载张卫平主编：《民事程序法研究》（第6辑），厦门大学出版社2011年版，第109页。

[2] 朱凌珂："环境民事公益诉讼中原告资格的制度缺陷及其改进"，载《学术界》2019年第12期。

发展的基本环境要素，环保社会组织之所以将之诉诸法院寻求公力解决，正是因为涉案环境要素对于人类存续繁衍的普遍性、广泛性、重要性。不仅如此，作为民事公益诉讼的受案法院在审判过程中对于关乎人类根本发展状态的环境要素也极为重视。"从已受理案件的情况看，涉大气、水、土壤污染的环境公益诉讼案件始终占据环境公益诉讼案件的主要地位，充分体现了人民法院自觉打赢污染防治攻坚战、解决突出环境问题作为环境公益诉讼审判重中之重的司法导向。"[1]环保社会组织的民事公益诉讼请求是依据其在民政部门注册登记时所备案的组织章程提出的，通过诉讼救济对社会组织所从事的行为对象——生态环境整体或某种环境因子——进行保护，是环保社会组织行为活动的方式之一。有些环保社会组织的活动对象针对性强、主体范围确定、活动事项也明确、具体，如中国小动物保护协会[2]的业务对象就是动物以及与之相关的行为和思想。其协会宗旨为"以珍爱生命、倡导精神文明和发扬人道主义精神为思想基础，以保护动物、维护动物的生存权利和不受虐待的权利以及改善和提高小动物的生命条件、饲养水平为宗旨，坚决反对任何虐待、残害动物的行为和思想"。有些环保社会组织甚至更为细化，如中国青年观鸟联合会的活动对象被确定为动物之一种——鸟，其业务范围是"组织会员开展观鸟活动，开展与鸟类及其栖息地相关的研究及学术交流活动"。而且，随着近年来我国环保社

---

〔1〕 江必新："中国环境公益诉讼的实践发展及制度完善"，载《法律适用》2019年第1期。

〔2〕 中国小动物保护协会（China Small Animal Protection Association）是国家一级专业性社会团体，可在全国和境外吸收会员、建立地方性组织和开展国际文化交流活动。该协会自1988年11月开始筹备，1992年9月，经农业部批准正式成立，同年12月，经民政部注册登记（社证字第3685号）。具独立法人资格。2000年1月，又通过了清理整顿，再次注册登记。

第三章 环保社会组织民事公益诉讼的程序规则探究

会组织的不断发展壮大，它们的活动范围越来越广泛、越来越精细、也越来越被认可和重视。从环境民事公益诉讼涉及的具体环境类型来看，"涉及森林、草原、滩涂、湿地生态环境保护以及濒危动植物、矿产、林木等自然资源保护的环境公益诉讼案件逐渐增加。特别是中国绿发会诉郑州市上街区马固村委会、上街区人民政府、峡窝镇人民政府和上街区文广局环境民事公益诉讼案，以及中国绿发会诉周耀禾、淮安市清河区文化广电新闻出版局、淮安市清河区人民政府环境民事公益诉讼案，将不可移动文物也纳入了环境公益诉讼保护的范畴"。[1]然而，有些环保社会组织所确定的活动范围则较为宽泛。以在公益诉讼领域活动程度比较高的中华环保联合会为例，该组织并未把自己的活动领域确定为某项环境要素或环境因子，而是泛泛为与生态环境保护有关的各项活动，在环境公益领域，其业务范围在组织章程中被表述为"推动生态环境建设公益事业和生态环保产业的发展，加强生态环境保护的资源整合"。

就我国的司法审判实践来看，法院对环保社会组织所提诉讼请求与其宗旨和业务范围之间关系方面的判断持较为宽松的态度。许多综合性环保社会组织往往针对各种不同类型的环境要素多点、分类提起环境公益诉讼。"以环境公益诉讼领域的先行者——自然之友为例，截至2018年底，该机构共提起公益诉讼40起，其中立案34起，涉及水、大气、土壤污染的就有22起之多。"[2]针对环保社会组织所提起的环境民事公益诉讼是否属于其宗旨和业务活动范围的判断标准，应当考虑其组织章程

---

[1] 江必新：" 中国环境公益诉讼的实践发展及制度完善"，载《法律适用》2019年第1期。

[2] 汪燕辉：" 社会组织：污染防治攻坚战中的瞭望哨和加速器"，载《环境保护》2019年第10期。

是否包含维护环境公共利益、是否实际从事环保公益活动以及其所维护的环境公益是否与其宗旨和业务范围具有关联性。无论环保社会组织的组织章程中是否写明维护环境公共利益，只要其所从事的环保公益活动可以改善生态环境或者有利于促进国家环境治理能力的提升和全社会环境保护共识的达成，就应该认定其所提民事公益诉讼与其章程所确定的环保活动是有关的，即便其公益诉讼事项与之业务范围不那么一一对应，也应基于关联性认可其环境民事公益诉讼的原告主体资格。

就我国现行规范而言，针对同一生态环境损害事实，有《最高人民法院关于审理生态环境损害赔偿案件的若干规定（试行）》（以下简称《若干规定》）和《最高人民法院关于审理环境民事公益诉讼案件适用法律若干问题的解释》（以下简称《环境民事公益诉讼解释》）两个司法解释可以适用。其中都涉及了原告诉请法院判令致害行为人承担法律责任的条款。这两个司法解释所确定的原告主体范围和起诉条件并不一致，生态损害赔偿司法解释中只有"省级、市地级人民政府及其指定的相关部门、机构，或者受国务院委托行使全民所有自然资源资产所有权的部门"有资格出任原告，且须以磋商作为诉讼的前置程序；而在环境民事公益诉讼司法解释中，"法律规定的机关和有关组织"有资格提起民事公益诉讼，且两类原告处于同一顺位。生态损害赔偿司法解释虽未对生态损害赔偿诉讼的性质给出界定，但从其条文规定可以看出，生态损害赔偿诉讼和环境民事公益诉讼是两类不同性质的诉讼。依据《若干规定》第16条和第17条规定，针对同一生态环境损害行为两类诉讼均可以被提起，在审理顺序上，生态环境损害赔偿诉讼优先于环境民事公益诉讼；而在诉讼请求范围上，法院对于环境民事公益诉讼的裁判范围仅限于生态损害赔偿诉讼所未涵盖的部分。因此，就诉请法院裁判的生态损害范围而言，生态损害赔偿诉讼和环境民事公益诉讼的诉讼目的都在于使受损生态环境恢复到受损前的良好状态，但是就具体的诉讼请求来说，二者之间还是存在交叉和区别的。

根据《环境民事公益诉讼解释》的规定，环保社会组织可以诉请法院判令生态环境致害行为人承担"停止侵害、排除妨碍、消除危险、恢复原状、赔偿损失、赔礼道歉等民事责任"。就生态环境损害赔偿可能涉及的赔偿费用来说，主要包括以下几项：第一，原告为停止侵害、排除妨碍、消除危险采取合理预防、处置措施而发生的费用；第二，被告不履行修复义务时应承担的生态环境修复费用，或者直接确定的生态环境修复费用，该费用为制定、实施修复方案的费用和监测、监管等费用；第三，生态环境受到损害至恢复原状期间服务功能损失费；第四，原告为推进民事公益诉讼而付出的检验、鉴定费用，合理的律师费以及为诉讼支出的其他合理费用。上述费用都是环保社会组织出任环境民事公益诉讼原告时有权向法院诉请的费用，而且绝大多数都是可以获得法院支持的。

根据《若干规定》的规定，政府职能部门可以诉请法院判令生态环境致害行为人承担"修复生态环境、赔偿损失、停止侵害、排除妨碍、消除危险、赔礼道歉等民事责任"。可能涉及的生态损害赔偿费用包括：第一，被告不履行修复义务时应承担的生态环境修复费用，该费用具体包括制定、实施修复方案的费用，修复期间的监测、监管费用，以及修复完成后的验收费用、修复后的效果评估费用等；第二，生态环境受到损害至修复完成期间的服务功能损失费；第三，受损生态环境无法修复或者无法完全修复，由此造成的生态环境功能永久性损失费；第四，实施应急方案以及为防止生态环境损害的发生和扩大而采取的合理预防、处置措施发生的应急处置费用；第五，原告为生态环境损害赔偿磋商和诉讼支出的调查、检验、鉴定、评估等费用；第六，原告合理的律师费以及其他为诉讼支出的合理费用。

通过对比分析最高人民法院关于生态环境损害的两个司法解释，我们可以看出，生态环境损害赔偿诉讼和环境民事公益诉讼虽是性质不同的两类诉讼，但是原告的诉讼请求范围却大体一致。究其原因，以上两类诉讼的诉讼目的基本是相同的，只是原告据以提起诉讼的理由有所差异，环境民事公益诉讼的原告是作为社会环境利益的代言人提起诉讼的，而生态损害赔偿诉讼的原告是作为国家环境资源的监管人提起诉讼的。不仅如此，依据最高人民法院的两个司法解释，政府职能部门可能同时具有生态损害赔偿诉讼和民事公益诉讼两类诉讼的原告主体。此时，政府职能部门选择的诉由极有可能影响到环保社会组织的诉讼主体资格，继而影响到环境民事公益诉讼的走向。因此，环境民事公益诉讼和生态损害赔偿诉讼这两类诉讼之间的程序设计就成了环保社会组织能否出任原告，以及环境民事公益诉讼救济目的能否实现的关键所在。

就我国的司法实践来看，环保社会组织提起的环境民事公益诉讼与政府职能部门提起的生态损害赔偿诉讼正日益朝着不同的方向发展。这也就意味着在我国《民事诉讼法》所确立的民事公益诉讼条款中，身为第一顺位原告的"法律规定的机关和有关组织"之间已经在法律实践中发生了转型。依据《若干规定》的规定，"发生较大、重大、特别重大突发环境事件的；在国家和省级主体功能区规划中划定的重点生态功能区、禁止开发区发生环境污染、生态破坏事件的；发生其他严重影响生态环境后果的"三种情形时，我国政府职能部门可据此提起生态损害赔偿诉讼。这说明，生态损害赔偿之诉主要由法定国家机关提起，对于此类案件，环保社会组织提起环境民事公益之诉处于补充地位。除生态损害赔偿诉讼确定的三种情形之外，政府职能部门仍可以提起环境民事公益诉讼。如前所述，在环境民事公益诉讼案件中，"法律规定的机关和有关组织"虽然都处于第一顺位原告主体地位，但是考虑到"法律规定的机关"无法超越自己所代表的国家利益的限制，实则是环保社会组织作为社会环境利益的代表主体处于民事公益诉讼原告的首要地位。"从我国涉及环境损害保护的法律法规来看，环境保护是政府的法定职责。但是，在现代化的社会治理体系中，政府行使行政权的时候，有其自身的缺陷，即官僚制下的行政权层级会使得行政绩效逐级下滑，需要依靠市场和社会权力对政府的行政行为进行监督，并允许社会组织为了社会公共利益而行使法律权力，保护社会公益。"[1]

因此，在程序设计上，"环境民事公益诉讼也好，生态损害赔偿也罢，都是具有创新性的公法机制，都需要特别立法"。[2] 环保社会组织提起的环境民事公益诉讼与政府职能部门提起的生态损害赔偿诉讼应当相互独立，基于诉讼主体的差异而将其诉讼请求予以区分，分别适用不同的诉讼程序。环保社会组织在环境民事公益诉讼中的请求范围与政府职能部门在生态赔偿诉讼中的请求范围几乎是一致的。二者所提起的诉讼，都是针对侵害不特定多数人环境利益的行为，"侵害不特定多数人享有的受环境状态影响的利益，可以理解为对不特定多数人此类利

---

[1] 朱凌珂：“环境民事公益诉讼中原告资格的制度缺陷及其改进”，载《学术界》2019 年第 12 期。

[2] 巩固：“环境民事公益诉讼性质定位省思”，载《法学研究》2019 年第 3 期。

益存在危险的情况,并且这种危险尚未发展成对特定对象的现实性威胁"。[1]具体到环境民事公益诉讼的个案,环保社会组织的诉请范围依据有无生态损害赔偿诉讼案件的存在而有所不同。毕竟,生态损害赔偿之诉优先于环境民事公益之诉,生态损害赔偿诉讼原告诉请范围之外的事项,才是环保社会组织得以诉请的范围。

---

[1] 周珂、林潇潇:"论环境民事公益诉讼案件程序与实体法律的衔接",载《黑龙江社会科学》2016年第2期。

第四章 环保社会组织民事公益诉讼的配套制度建构

一、环保社会组织管理制度优化

20世纪90年代以来，市场经济的发展和全能主义国家的退缩推动了各类社会组织的迅速发展。[1]"全球范围内兴起了一场以民间组织为主体的'结社革命'，民间组织无论是数量、活动规模还是社会影响力都急剧增加。"[2]与世界范围内社会组织的发展趋势相适应，我国社会组织发展的数量和规模也是自20世纪90年代后发展起来的，与之密切相关的社会组织管理体制也在摸索过程中逐渐形成，"从20世纪90年代中后期开始，许多地方政府针对现行社会组织管理体制开展了各具特色、纷繁多样的改革探索"。[3]时至今日，建设具有中国特色的现代社会组

---

[1] Lester M. Salamon, "The Rise of the Nonprofit Sector", *Foreign Affairs*, Vol. 73（1994）.

[2] 康宗基："试论中国社会组织的兴起及其伦理意蕴"，载《大连海事大学学报（社会科学版）》2012年第4期。

[3] 刘海龙："中国社会组织双重管理体制该给的三个阶段及其解读"，载《中国劳动关系学院学报》2016年第4期。就地方改革探索而言，安徽、青岛、南京、浙江等地的民政部门开始自主尝试将基层社会组织在街道或社区等基层政府进行备案，作为登记注册的暂时性替代方案；上海、北京、深圳、天津等地新设枢纽式政府机构统筹行业协会发展和承担业务主管单位职能。不仅如此，国家自上而下的顶层设计也开始对社会组织进行培育发展和规范控制等管理体制方面的改革。2012年党的十八大报告提出要"加快形成政社分开、权责明确、依法自治的现代社

织体制已经成为我国社会组织建设的目标。为保障我国环保社会组织的健康、稳定发展，有必要在其管理制度方面予以优化，这其中包括但不限于：简化注册登记制度——准入门槛降低、管理标准简化；优化行业自治制度——强化行业协会的自治；创设公益问责制度——完善行政监督、健全第三方评估等。

就我国环保社会组织的发展历程来看，政府职能部门自上而下主导环保社会组织发展已经成为影响我国社会组织发展状况的关键因素。"尽管环保社会组织面对强大的政治权威自身力量仍然不足。但是，随着国家治理模式的转型，环保社会组织参与监督和制约政府行为将获得更多政策和法律支持，充分释放监督潜力。"[1]按照环保社会组织的设立形式划分，我国的环保社会组织可以被分为自发设立的民间环保组织和政府设立的环保组织两类。"民间环保组织与政府设立的环保组织有很大的不同，但是无论是政府型环保组织还是民间环保组织，在现行的管理体制下都必须与政府保持相对融洽的关系，因为一旦失去政府的支持，生存就会成为组织面临的首要问题。"[2]为此，我国现代社会组织体制应当坚持政社分开、权责明确、依法自治的典型特征和发展方向，以减少政府部门凭借其管理权力而对环保社会组织行为活动所造成的影响和制约。

社会组织的注册登记工作也不再采取一刀切的"双重管理"体制，而是应区分社会组织类型，由民政部门采取区别对待的注

（接上页）会组织体制"；2013年党的十八届二中全会强调要改革社会组织管理制度；2014年党的十八届四中全会首次提出要加强社会组织立法。

〔1〕李祥祥："我国环保社会组织的生态治理功能定位"，载《华北电力大学学报（社会科学版）》2016年第5期。

〔2〕栗楠："环保组织发展困境与对策研究——以环境民事公益诉讼为视角"，载《河南大学学报（社会科学版）》2017年第2期。

第四章 环保社会组织民事公益诉讼的配套制度建构

册登记方式。自2013年开始，民政部门将社会组织区分为两个大类进行管理，一类是直接登记取得合法身份的社会组织，此种登记方式侧重于登记后的行为监管；另一类是继续采取业务主管单位和登记管理单位双重审批后取得合法身份的社会组织，此种登记方式侧重于登记前的身份监管。其中，行业协会商会类、科技类、公益慈善类和城乡社区服务类等四类社会组织不需要再经由业务主管单位审查和管理，即可依法直接向民政部门申请登记获得合法身份。除上述四类之外的其他社会组织仍需按要求，经业务主管单位审批同意后，再向民政部门申请注册登记。"在新的社会形势下，应该取消双重管理体制，建立高效的NGO登记管理等相关政策和合理的运行机制。如果暂时不能一步到位，也应降低环保NGO的准入门槛，取消对人数、金额等条件限制。"[1]依据我国现行的制度规定，环保社会组织的注册登记仍不能采取直接登记方式，还需经业务主管单位审批同意后，再向有关民政部门申请登记。近年来，我国出台了一系列鼓励性政策，旨在推动环保社会组织有序发展，促进环保社会组织高效参与我国日益形成的现代化环境治理体系。政府职能部门正在逐渐变以往对环保社会组织的被动监管为主动培育和引导，"加大培育扶持力度，完善配套政策，政府部门可以为环保社会组织提供专项资金，用于鼓励环保社会组织招聘专职人员，保障其工资、保险、福利等，解决其后顾之忧。在办公场地、运作资金和人员培训等方面为新成立的环保社会组织提供帮助和扶持"。[2]

---

[1] 赵莹、陆阳、季托："培育引导环保社会组织参与环境事务的思考"，载《世界环境》2014年第1期。

[2] 刘鹏："建立健全环保社会组织参与机制"，载《吉林日报》2019年5月29日。

近几年，环保社会组织提起的环境民事公益诉讼的案件质量日益提高，案件胜诉率呈逐渐上升趋势，但我们应看到环保社会组织民事公益诉讼案件绝对数量虽有所增加，但较于前几年环境民事公益诉讼的案件数量仍呈下降趋势。"根据民政部发布的数据，全国有700余家社会组织具备提起环境公益诉讼的资格。但3年来（2015年至2018年），全国只有25家社会组织提起过环境公益诉讼，并且多数都是几家社会组织作为共同原告起诉。"[1]究其原因，一方面是环境民事公益诉讼制度对环保社会组织的原告主体资格限制较为严格，并且环保社会组织在民政部门注册登记的条件要求较高、程序过程复杂；另一方面是我国环保社会组织的发展状态受到既定历史和现实条件的限制，以致其环境民事公益诉讼能力尚待提高。"政策支持力度不够使得环保社会组织参与生态环境保护存在一定的困难，同时，在环保社会组织的准入条件和日常监管方面还缺少科学的管理制度，现有的针对环保社会组织的法律制度多是进行限制管理，对其活动合法性进行的管理和监督多以事发之后的处置为主，没有形成科学的预防监督体系，因此，在一定程度上制约了环保社会组织的发展。"[2]此外，近几年，环保社会组织发展呈现出数量较少、增速较慢的态势，这在根本上影响到了其提起环境民事公益诉讼的数量和质量。"根据民政部2013-2017年社会服务统计数据显示，截止到2017年底，我国共有社会组织76.2万个，生态环境类社会组织数量6000多个，占比不到0.1%，

---

［1］ 王琳琳："保障社会组织开展公益诉讼需精准施策"，载《中国环境报》2018年3月14日。

［2］ 刘鹏："环保社会组织参与生态环境保护的现实路径"，载《行政与法》2019年第9期。

且五年内增长趋势不明显。"[1]从总量来看，一方面，环保社会组织数量在全部社会组织总量中的比重较小，另一方面，已提起或有资格提起环境民事公益诉讼的环保社会组织数量在全部环保社会组织总量中的比重较小。

"对于环保社会组织而言，诸如发起环保公益诉讼、直接组织生态环境保护与资源节约等活动都不是仅靠志愿者的善意和社会支持就能实现的——这涉及组织自身的专业能力建设问题。"[2]环保社会组织民事公益诉讼活动的顺利展开离不开内外两方面的共同作用。就外而言，捋顺并简化环保社会组织的注册登记程序，以便于其获得法律上的主体资格，为其依法提起环境民事公益诉讼创造基础条件；就内而言，不断强化自身业务能力建设，"开展社会组织提起环境公益诉讼的能力培训、典型示范等活动，鼓励社会组织提高人员素质、提升专业知识、增强可持续发展能力"，[3]通过各种形式有效地提升环保社会组织的行为活动能力，从而提高环境民事公益诉讼的胜诉比例和诉讼效果。环保社会组织绝大多数是自愿、自发、自主组建起来的，以维护环境公共利益为目的和宗旨的公益性社会团体，其提起环境民事公益诉讼是求助于司法途径救济受损环境公益的方式。作为环境民事公益诉讼的原告，环保社会组织所要对簿公堂的往往是实力雄厚的污染大户，甚至可能是当地政府大力扶持的利税大户。这就使得环保社会组织的民事公益诉讼往往会面临非常窘迫的境地，其在资金实力、专业人才、组织机

---

[1] 关云芝、张明娟：“我国环保社会组织发展问题研究"，载《行政与法》2019年第11期。

[2] 嵇欣：“当前社会组织参与环境治理的深层挑战与应对思路"，载《山东社会科学》2018年第9期。

[3] 王琳琳：“保障社会组织开展公益诉讼需精准施策"，载《中国环境报》2018年3月14日。

构等方面往往会暴露出诸多问题,继而难以实现在环境民事公益诉讼中的公益诉求。"某些'社会组织'虽然具有保护环境的成立宗旨,但进行一场体量、争议、取证难度均较大的环境民事公益诉讼,需要投入巨大的物力、财力,在不得牟取经济利益的规定之下,'社会组织'可能连起诉的财力条件将不具备,又如何去赢得诉讼,维护社会公共利益。"[1]

二、环保社会组织"双重管理主体"协调制度

中国在社会团体管理上实行的行政许可主义和双重管理体制导致环境团体很难获得法定身份,不够健全和无保障的社会捐赠制度也导致环境团体很难获得发展所需要的资金,公益性身份要求环境团体不能从事为公益活动筹集资金的营利性活动,这些都极大地阻碍了中国环境团体的发展。这种高门槛的行政制约管理模式,使得许多已经开展活动的草根环保社会组织根本无法通过登记取得合法身份,这在很大程度上限制了环保社会组织公益活动的顺利开展。"合法地位的缺失,使众多民间组织不受现行法规的约束和保护,部分组织甚至走向营利或发生变异,发展陷入无序化。其原因主要是我国当前以'双重管理'为特征的许可登记制度限制了民间组织合法地位的取得。"[2]自1998年开始,我国建立了现行的归口登记、双重管理、分级负责的社会组织管理体制架构。环保社会组织一般由民政部门和环保部门或者其他业务主管单位双重管理、双重负责。"然而现实问题是,环保组织的行为针对的是破坏生态环境的行为,

---

[1] 吴海潮、胡公枢:"检察机关提起环境民事公益诉讼的问题检视",载《中国检察官》2018年第4期。

[2] 杨群英,莫丽月:"我国民间组织的'草根'境遇及现行登记管理制度之改革",载《湘潭大学学报(哲学社会科学版)》2008年第3期。

第四章　环保社会组织民事公益诉讼的配套制度建构

而实施这一类行为的主体多为政府关注的重点企业，因而很少有单位愿意担任环保组织的主管部门并承担责任。"[1]即便是符合直接登记条件的环保社会组织，在其直接申请登记时，民政部门也要根据需要征求环保部门、其他有关部门的意见或组织专家进行评估。"虽然从整个制度社会的层面看，国家对于社会组织的政治统合影响了社会组织的自主性，但这不意味着所有的社会组织都被束缚了手脚。"[2]"目前，我国的非政府组织还是处于初创期，许多非政府组织还没有建立起自身的内部治理制度，自身的组织建设表现出很多随意性，自身治理规范也是参差不齐。"[3]在全国范围内建立环保社会组织分级分类登记管理制度，统筹全国范围内的环保社会组织资源，充分发挥政府引导和环保自愿的双重作用，有目的、有规划、有分类地在全国各地布点设置环保社会组织。

作为管理主体的政府职能部门应当科学定位其与被管理主体——环保社会组织——之间的关系和角色，明确政府职能部门对于环保社会组织的主要作用是培育、促进和监督，积极转变政府职能部门的控制型管理为培育型管理。例如，2012年4月25日，广东省政府发布的《关于进一步培育发展和规范管理社会组织的方案》（粤发〔2012〕7号）降低了社会组织的登记门槛。该方案明确规定除特别规定、特殊领域外，社会组织可直接向民政部门申请成立。根据我国现有环保社会组织的类型，其注册登记工作分三类由《社会团体登记管理条例》《民办非企

---

[1] 栗楠："环保组织发展困境与对策研究——以环境民事公益诉讼为视角"，载《河南大学学报（社会科学版）》2017年第2期。

[2] 李朔严、曹渝："策略式发展：中国社会组织与政府的共生关系"，载《文化纵横》2018年第6期。

[3] 齐洁、毛寿龙："非政府组织健全与社会管理创新——以环保非政府组织为例"，载《现代管理科学》2015年第1期。

业单位登记管理暂行条例》《基金会管理条例》分别实施，实行"分级登记，双重管理"，这与环保社会组织的自由发展、活动效率、服务水平、资源调配息息相关。环保社会组织需经依法注册登记，方具有法律关系主体地位，这也是其出任环境民事公益诉讼原告的根本前提，同时也便于法院对其主体资格的审查，有助于司法效率的提高。从我国现行的管理制度来看，规范环保社会组织的规范性文件主要包括《社会团体登记管理条例》(1998年)、《民办非企业单位登记管理暂行条例》(1998年)、《基金会管理条例》(2004年)三个社会组织行政法规。依据上述规定，环保社会组织实行的是双重管理模式，即民政登记管理单位和业务主管单位双重监管，这又被称为"双重审批"或"双重许可"。以我国最早在民政部门注册成立的环保社会组织——"自然之友"（别名中国文化书院·绿色书院）——为例，该组织成立于1994年，其登记管理机关是北京市朝阳区民政局，而其业务主管单位是北京市朝阳区科学技术委员会。同样，2005年成立的中华环保联合会也是如此，它是经国务院批准、民政部注册、环保部主管，由热心环保事业的人士、企业、事业单位自愿结成的、非营利性的全国性社会组织。除此之外，我国许多环保社会组织近些年也获得了长足发展，如绿色和平组织、中华环保基金会、中国绿色农业服务联盟、清水同盟、大海环保公社、自然景象环境保护协会、陕西青年与环境互助网络、北京国仁绿色联盟等都已经发展成了全国比较有影响力的环保社会组织。

随着经济社会的日益发展和人民群众物质文化水平的不断提高，"人们的结社热情有了很大提高，成立社会组织的诉求逐渐高涨，改革社会组织登记管理制度的呼声日益高涨。如果政府一直用登记注册的高门槛来压制人们的结社要求，就会使社

第四章　环保社会组织民事公益诉讼的配套制度建构

会组织站到政府的对立面，异化为体制外的反对力量，最终不利于保持社会稳定。因此，在社会组织的强烈改革需求的作用下，一些地方政府尝试推行登记管理制度创新，作为对社会环境变迁和人民改革呼声的一种回应"。[1]多年以前，某些地方政府就曾与民政部签署"部市合作协议"，尝试对部分类型的社会组织实行直接登记设立的管理模式，取消工商经济类、社会福利类、公益慈善类社会组织登记时须经业务主管单位同意的限制，积极探索登记管理和业务主管的职能一体化。在早期的社会组织登记管理制度探索中，包括深圳在内，"广东、北京、上海、成都等省、市也先后建立起类似制度，对以商业、福利、慈善、服务等为主旨的社会组织放开管理。截至2012年3月，已有17个省市与民政部签订了合作协议"。[2]当时，许多已开展多年工作但并未注册的环保社会组织借改革之际通过了民政部门的审批，取得了合法地位，如广东的"绿色珠江"、北京的"（动物保护）它基金"、浙江的"绿色浙江"等都属于此种情形。与我国"自上而下"的环境保护发展模式相适应，我国环保社会组织的发展状况与公益诉讼进程取决于不同时期、不同阶段、不同方案的国家顶层设计。"所以，中国环境公益诉讼的发展始终与这种'自上而下'的发展模式相关，在此模式下，中国环境团体诉讼的发展动力必须依赖中央政府的推动。所幸建设生态文明已经成为当前我国最重要的政治目标之一。在建设生态文明的政治诉求之下，必然会对环境团体诉讼的发展产生推动力。所以，我国要推进环境团体诉讼，必然要寻求法院、

---

[1] 孙发锋："我国社会组织登记管理制度改革——基于地方创新的视角"，载《行政论坛》2013年第1期。

[2] 滑璇："社会组织登记'开闸'"，载《中国新闻周刊》2013年第9期。

人大与政府在其中的共同推动作用。"[1]

从我国各地社会组织管理创新实践来看,环保社会组织正朝着"政府指导、社会参与、独立运作"的目标发展。"在现代社会,民间环保组织作为社会力量,已经相对独立于政府部门而存在,这就摒弃了传统民间环保组织依附国家而存在的弊端。"[2]我国环保社会组织的发展变迁是民间组织自下而上努力成长和发挥作用的过程,这一过程应当符合马克思关于国家与市民社会之间关系的论述,"绝不是国家制约和决定市民社会,而是市民社会制约和决定国家"。[3]许多地方政府通过多种渠道变通了社会组织管理体制中的"双重审批"限制,从而在一定程度上降低了环保社会组织的准入门槛和行业管理流程,加快了各地社会组织的发展和建设。[4]为此,许多地方多年前就争相开始了突破性探索。如深圳市《关于进一步发展和规范我市社会组织的意见》(深办〔2008〕66号)第5条规定:"除法律、行政法规规定须由有关部门在登记前进行前置审批的社会

---

〔1〕 吴宇:"德国环境团体诉讼的嬗变及对我国的启示",载《现代法学》2017年第2期。

〔2〕 沈费伟:"生态文明建设视域下民间环保组织的自主治理研究",载《学会》2019年第7期。

〔3〕 [德]《马克思恩格斯选集》(第4卷),人民出版社1995年版,第196页。

〔4〕 当时,这种注册登记门槛的降低,在很大程度上促进了我国社会组织的合法化建设。民政部于2013年6月发布的数据显示,截至2012年底,全国共有社会组织49.9万个,社会团体27.1万个,民办非企业单位22.5万个,基金会3029个。有学者就上述社会组织注册登记的数据与十几年前的数据进行了比对:"根据民政部2012年第四季度统计公报数据,我国依法登记的社会组织有49万多个,其中社会团体26.8万个、民办非企业单位22.1万个、基金会2961个,总数量由1988年的4446个增加了约100倍。此外,还有备案的城市街道社区群众性社会组织20多万个,农村专业经济协会4万多个。"详见高一村:"社会组织管理制度改革必须且急切——透过党的十八届二中全会看社会组织改革",载《中国社会组织》2013年第2期。

第四章　环保社会组织民事公益诉讼的配套制度建构

组织外，工商经济类、社会福利类、公益慈善类的社会组织申请人均可直接向社会组织登记管理机关申请登记。"广州市民政局《关于进一步深化社会组织登记改革助推社会组织发展的通知》第1条（穗民〔2011〕399号）规定："除依据国家法律法规需前置行政审批外，行业协会、异地商会、公益服务类、社会服务类、经济类、科技类、体育类、文化类社会组织等可以直接向登记管理机关申请登记。"成都市《关于加快培育发展社会组织的实施方案》（成委办〔2011〕35号）第5条规定："对工商经济、公益慈善、社会福利、文体活动、生活服务类等社会组织，除法律、行政法规规定必须先取得许可证外，可直接向登记管理机关申请办理登记手续。尚不具备登记条件的社区社会组织，可在街道或社区建档并报区（市）县民政局备案。"宽松的注册登记政策加快了社会组织的发展步伐，以广州为例，政策改进几年之后，当地社会组织获得了快速的发展。《广州市社会组织发展报告（2017）》显示："截至2017年12月底，广州市共登记注册社会组织7594家。2012年以来，广州市社会组织保持稳步增长态势，平均增长率为9.7%。"[1]

但在我国统一的《社会组织登记管理条例》[2]修订之前或者出台之前，此种做法具有很强的政策变动性。而且，地方政府下位法突破国务院上位法的限制，亦有不依法行政之嫌。为此，借鉴地方实践探索经验，可通过特定形式放宽环保社会组织登记注册的限制，即由环保行政主管部门会商民政主管部门

---

〔1〕"近五年广州社会组织数量年均增长一成"，载《新快报》2018年1月16日。

〔2〕2018年8月，我国民政部在现行规定基础上，将之前的《社会团体登记管理条例》（1998年）、《民办非企业单位登记管理暂行条例》（1998年）和《基金会管理条例》（2004年）三个独立条例合并为一个统一的《社会组织登记管理条例》，发布了《社会组织登记管理条例（草案征求意见稿）》，面向社会征求意见。

统一制定政策，联合出台促进环保公益组织发展的部门法规，规定由各级环保部门作为统一的业务主管单位，并成立专业部门、配备专职人员。与此同时，还应继续推进国务院管理条例修订工作的开展，明确环保部门和民政部门之间的职责分工，改由民政部门登记注册、环保部门监督管理。必要时，可由国家环保行政主管部门和民政部门一同积极探索环保社会组织管理办法，[1]以制度规范的形式明确环保社会组织设立条件、地域范围、权限设置、奖惩措施等，降低其设立门槛、召开听证会、论证会、细化日常管理事项以及明晰违规法律责任。

为实现环保社会组织管理的可控性和操作性，还应建立科学有效的登记管理制度、评价程序规则[2]和评价监管体系。以规范的形式，明确各类环保社会组织的性质和法律地位，"进行区分登记和备案，对符合条件的非政府组织进行登记，对不符合条件，但政治上没有问题的非政府组织进行备案，赋予其进行社会活动的合法身份"[3]。科学的评估指标应以分值形式细化、量化环保社会组织考核指标，并据此对其予以评价，实行

---

[1] 2017年1月26日，我国环境保护部（现生态环境部）和民政部联合发布了《关于加强对环保社会组织引导发展和规范管理的指导意见》（环宣教[2017] 35号），旨在加强政府部门对环保社会组织的引导发展和规范管理，以促进环保社会组织的健康、有序发展。此举是针对《关于改革社会组织管理制度 促进社会组织健康有序发展的意见》（2016年8月中共中央办公厅和国务院办公厅联合印发），在环保领域的细化探索。

党的十八届三中全会以来，我国政府职能部门在针对社会组织的管理大力推行政社分开的同时，仍坚持积极引导和规范管理。其手段和方式包括：年检、财务审计、第三方评估、信用评价、信息公开与社会监督、党建、约谈与柔性执法、取缔和整顿等。

[2] 2011年3月1日，民政部出台的《社会组织评估管理办法》开始施行，其目的也是监督和规范社会组织行为。

[3] 何静："国外非政府组织的管理模式及对中国的启示"，载《学术探索》2013年第6期。

分级区别管理，设定不同级别环保社会组织的活动权限和范围。依据《社会信用信息管理办法》建立环保社会组织信用等级管理制度、重点名单管理制度（包括异常名录和失信名单）、退出制度等。分地区、分级别、分类型、分部门审批设立环保社会组织，将之登记造册，列入管理信息数据库，在各级、各地、各部门之间实行环保社会组织信息联网共享。对环保社会组织实行动态监管，确立环保社会组织活动的奖励机制、惩罚机制以及淘汰取缔机制。就此，可借鉴有关学者提出的适用于环保非营利组织的绩效评价指标体系（内容详见表1），以年度或季度积分形式进行强化管理。

表 1　基于环保类的非营利组织的绩效评价指标体系[1]

目标层	一级指标	二级指标
非营利组织的整体绩效	社会效能 A	政府对生存条件改善的满意度 A_1
		公众对生存条件改善的满意度 A_2
		群众意识的提高程度 A_3
		公众对组织的认同程度 A_4
	发展能力 B	项目实施的成功度 B_1
		组织管理者的决策能力 B_2
		发展目标预测与决策精细度 B_3
		组织结构的适应度 B_4
		社会使命明晰度 B_5
		组织文化建设 B_6

[1] 蔡玉凤、唐恒书："非营利组织绩效评价体系的构建——以环保社会组织为例"，载《财经论坛》2013年第5期。

续表

目标层	一级指标	二级指标
	资金募集能力 C	募集费用与总收入占比 C_1
		资金与总收入占比 C_2
		实际募集收入与总预算收入占比 C_3
		资金募集增长率 C_4
	运营能力 D	内部运营支出与总支出占比 D_1
		年度收支占比 D_2
		发展性支出与总支出占比 D_3
		资产负债率 D_4
		受赠过程透明度 D_5
		受赠经费的增长比率 D_6
	政治效能 E	对政府的依赖度 E_1
		组织管理者与政府关联度 E_2
		组织管理者参与政府政策咨询频率 E_3
		组织管理者参与政府政策制定的比率 E_4
		与上级主管部门的合作度 E_5
		组织的声誉 E_6
		组织的知名度 E_7

"当然，放开社会组织登记注册还需要进行建立相应的配套措施，需要进一步提高民政部门的管理能力，改变之前'重登记、轻管理'这一格局。"[1]这其中包括环保社会组织的活动申报、审查和备案制度。而且，民政部门与环保部门的管理权限和职责应当加以明确，积极探索民政部门、环保部门、财政部门、发展改革部门等有关政府部门之间的协同联动机制，优化、完善现行行政管理体制，为环保社会组织设立与公共利益维护创

---

[1] 章高荣："放松社会组织登记是大势所趋"，载《社会与公益》2013年第2期。

造有利条件。随着我国政府培育引导积极政策的不断推动,环保社会组织发展壮大的良好外部环境正在逐渐形成。"很多省市加大了对环保社会组织的培育力度,涌现出一大批在全国有较大知名度的环保社会组织。重庆市每年安排固定的财政经费支持环保社会组织活动,广东省制定了全省环保社会组织发展规划,山东、四川等地举办面向环保社会组织的各类专业培训,浙江省环保厅成立了环保联合会,阿里巴巴基金会、正太基金会等都为环保社会组织的发展创造了条件。"[1]作为环保社会组织的行政主管机构,在审批设立环节,民政部门应综合考虑环保公益代表在区域分布、种类形式、级别管理等方面的协调平衡。从国外环保社会组织的管理经验来看,"尽管各国传统和社会制度结构有所不同,发达国家对非政府组织的监督管理模式一般都采用过程控制办法。即对非政府组织的成立采取宽松自由政策,而对非政府组织开展的活动和组织运作的全过程实行监督、评估和控制"。[2]

三、环保社会组织信息的联网信息化管理制度

长期以来,由于缺乏来自国家政策的培育和扶持,我国的社会组织发展受到了严重制约,以致不同地区和领域内的环保社会组织发展不平衡,大多数社会组织特别是中小社会组织的经营能力薄弱,以维护环境公益为使命的环保社会组织更是如此。依据环保活动领域来划分,环保社会组织机构的类型主要包括两大类,其中一类是环保技术服务组织,此类组织依赖一定的科学技术和专业知识为社会提供有关服务;另一类是环保

---

[1] 余中平、洪嘉一:"杭州环保社会组织的培育发展研究",载《浙江树人大学学报(自然科学版)》2018年第2期。

[2] 何静:"国外非政府组织的管理模式及对中国的启示",载《学术探索》2013年第6期。

社会服务组织，此类组织基于一定的环保议题动员社会公众参与环境保护。就目前我国环境保护的司法实践来看，多种类型的多个环保社会组织之间往往缺乏有效的沟通和信息共享机制，它们中的绝大多数都是依据自己组织章程确定的宗旨目标和业务范围开展环境维权活动，这在很大程度上影响到了其环境民事公益诉讼的实际效果。为此，环保社会组织应当充分利用互联网平台和现代信息化技术，加强组织之间的网络信息化建设，积极促进多元主体间的环境信息共享，充分实现环境民事公益诉讼信息的公开化、透明化、及时化，畅通环保社会组织提起环境民事公益诉讼的途径，提高其诉讼效果和效率。与此同时，环保社会组织还应充分利用"互联网+"的各种新媒体，激发社会公众参与环境民事公益诉讼的积极性。"在'互联网+'背景下，组织要充分借助新媒体的功用，拓展公民参与网络。社会组织可通过博客、微博、公众号等平台发起和民众互动的活动。利用新媒体平台，一方面能够为民众提供一个通畅的活动参与渠道，且新媒体传播不受地域限制，能使全国各地的民众参与活动；另一方面此种形式的活动能够极大地节约活动成本。"[1]

环保社会组织的生命力来源于各组织自身内部以及不同组织之间两个层面，其实质是对社会资源的重新组织和分配，以及由此形成的联结力和整合力。"对于这些环保社会组织来说，个体的力量过于微小，应当通过协会或其他平台将各个组织联系起来，点成线，线成面，把各方的力量汇聚到一起，同时成立相关专家团队予以技术辅助支持。"[2]为此，环保社会组织积

---

[1] 冉思伟、龚虹波："我国海洋类社会组织发展的现状、困境与对策"，载《浙江海洋大学学报（人文科学版）》2019年第2期。

[2] 张雨晨："中国民事公益诉讼原告资格问题浅析"，载《湖北经济学院学报（人文社会科学版）》2018年第1期。

第四章 环保社会组织民事公益诉讼的配套制度建构

极功能的发挥离不开各组织之间的协同合作，这就要求它们通过行业协会之类的组织，根据各自的实际情况有效地整合各自的资源，形成合力以便参与环境公益诉讼。早在2013年11月江苏省环保社会组织联盟就已经成立，"建立联盟，主要是为环保社会组织搭建'四大平台'，一是搭建信息沟通交流的平台，实现信息互通、协同合作和资源共享。二是搭建项目合作开展的平台，整合有效资源，推动项目落实。三是搭建强化能力建设的平台，组织开展培训，提升环保业务水平。四是搭建争取政府支持的平台，增进沟通协调，建立社会支持网络"[1]。不同类型、不同地区、不同层次的环保社会组织之间的协同合作需要环保社会组织开拓建设行动网络，积极推进环保社会组织之间的联通互动，包括一定区域内环保社会组织之间的横向交流，以及区域内外环保社会组织之间的纵向交流。"与各类社会组织合作，整合集体资源，促进共同发展。一方面与同类社会组织合作，共同开展环保活动，通过资金扶持、专业指导、平台交流等方式促进环保类社会组织共同发力、协同发展，完成持续时间长、耗费精力大、覆盖范围广的环保项目；另一方面，与其他社会组织通过跨领域合作，共同开展公益活动，如环保扶贫行动，通过培育有机果蔬、引进电商平台、种植绿色植物等环保项目，培育新兴产业，增加该地区农民收入；开展环保健康行动，通过污水处理、环保供暖、风沙防护等环保项目，改善人们的生活环境，以降低该地区疾病风险等。"[2]不断整合散落于各处的环保力量，逐步形成特定环境领域或特定环境区域

---

[1] "渐行渐近的中国环保民间力量"，载《江苏环境》2014年第7期。来源于江苏省生态环境厅：http://hbt.jiangsu.gov.cn/art/2014/7/31/art_1740_4079849.html，访问日期：2020年4月2日。

[2] 关云芝、张明娟："我国环保社会组织发展问题研究"，载《行政与法》2019年第11期。

内的环保合作机制,以提升环保社会组织解决环境问题的能力。如江苏省内的环保社会组织就曾于2018年2月份发起了联合行动[1],此次活动有江苏省内的118家环保社会组织共同参与,旨在呼吁公众共同参加到大气污染防治和环境保护活动中;山西省内的63家环保社会组织也曾于2019年11月开展联合行动,倡议全民总动员保护生态环境,打赢污染防治攻坚战。

除环保社会组织自身之外,享有环境民事公益诉权的多元主体之间也应建立联合机制,搭建合作交流平台,强化其在信息共享、项目合作、资金筹措等方面协同合作,以确保生态环境保护目标的实现。在最低限度上,我们要建立环保社会组织、检察机关和政府部门的联席会议制度,建立专门的联络机制,建立三方联动的工作协作平台,建立重大环境民事公益诉讼案件会商和督办制度,建立紧急案件联合调查和案件移送机制,建立信息共享及通报制度。"对于政府与NGO而言,二者主要围绕优化提供公共物品这一主题进行互动,它们在公共利益指向上的契合性为合作关系的生成提供了现实基础。"[2]在环境民

---

〔1〕 吴琼:"江苏118家环保社会组织联合从这4个方面发出倡议",载新华报业网:http://js.xhby.net/system/2018/02/07/030790772.shtml,访问日期:2020年3月24日。

〔2〕 赵莹、陆阳、季托:"培育引导环保社会组织参与环境事务的思考",载《世界环境》2014年第1期。

就良好生态环境维护这一公共目标而言,政府和环保社会组织之间是合作伙伴关系,二者在生态治理中有着不同的角色和功能定位。政府和环保社会组织都是生态治理的主体力量,地位平等。基于政府调适能力的有限性,政府应更新观念,扮演好"掌舵人"的角色,对环保社会组织建立信任,将"无法管、管不了"的生态治理事务交由环保社会组织承接,实行"政社开分",激发社会组织活动。而环保社会组织可以依靠自身优势扮演好"划桨人"的角色,参与到环保治理的实践中,充分发挥生态治理功能。参见李迎生:"探索社会工作介入社会治理创新的有效路径",载《社会工作与管理》2014年第3期;李祥祥:"我国环保社会组织的生态治理功能定位",载《华北电力大学学报(社会科学版)》2016年第5期。

第四章　环保社会组织民事公益诉讼的配套制度建构

事公益诉讼过程中，环保社会组织应该明确自己诉讼所追求的目标，该目标与政府职能部门以及检察机关所追求的价值目标相一致，都是追求生态良好、生活富裕、生产发展，这是三方联络机制的基础前提。环保社会组织必须明确环境民事公益诉讼的目标在于使受损的生态环境及其功能恢复到受损之前的良好状态。否则，其民事公益诉讼活动与其所追求的价值目标之间可能背道而驰。对于政府而言，环境保护与经济社会发展一样，都是政府职能部门，特别是环保主管部门所追求的目标。"为了更好地发挥各类民间环保社会组织的作用，还应建立政府与环保社会组织常态化沟通机制。环保部门应定期与民间环保社会组织就环境问题进行交流，以更好地开展工作。"[1]不仅如此，政府所持的态度往往关系到环境民事公益诉讼的成败，"如果提起的环境民事公益诉讼被告为小型或落后产能企业，环保组织可能会得到政府的支持与帮助，但是一旦涉及地方财政的支柱产业或重要的利税单位，环保组织将很难开展诉讼活动，甚至会因失去政府的扶持而使自身陷入生存危机"。[2]因此，环保社会组织、检察机关和政府职能部门三方之间要明确职责，协调配合，形成合力。

与此同时，还应建立社会公众、环保社会组织、政府职能部门之间的环境民事公益诉讼联动机制，弥补公民个体式诉求与机构组织体诉讼之间因衔接不畅而造成的断层。"一方面，建立公民与组织体之间的诉愿表达沟通机制。组织体积极利用媒介公开交流信息，接纳公民对公益类侵害的诉讼意思表示。另

---

〔1〕 宋言奇："我国民间环保社会组织的模式分析及其扶持策略——以苏州为例"，载《青海社会科学》2016年第2期。

〔2〕 栗楠："环保组织发展困境与对策研究——以环境民事公益诉讼为视角"，载《河南大学学报（社会科学版）》2017年第2期。

一方面，建立组织体内部证据流通机制。协会组织提起诉讼时，可依申请向公权机构证据保有者提起证据协助要求，公权机构基于公共利益而维护考量的应当予以配合。"[1]此外，部分法院的环境资源审判机构也在积极探索有助于环境民事公益诉讼案件快速、高效、稳妥的专门审判模式。如审理重大环境资源保护案件的北京市第四中级人民法院已经"建立'立、审衔接的绿色公益诉讼通道'，即对环境民事公益诉讼实施立案当天材料转审判庭、当天向社会发出公告、当天向行政主管部门发出公益诉讼告知书'三同步'"。[2]法院系统对环境民事公益诉讼案件的快速反应，为环保社会组织环境民事公益诉讼活动的开展创造了有利条件。

四、环境公益诉讼专项资金管理制度

与传统的民事诉讼不同，环境民事公益诉讼的原告只是程序意义上的当事人，对于公益诉讼的诉讼结果不享有实体意义上的受领权利。然而，为确保环境民事公益诉讼的顺利进行，原告往往需要负担案件受理费、调查取证费、律师服务费、专家咨询费、评估鉴定费等高昂的诉讼成本。尤其是在环境损害赔偿案件中，鉴于损害原因与损害结果之间的因果关系是复杂多样的，评估鉴定需要由专业机构和专业人员利用专业设备经过一定的时间才能得出结论，仅就评估鉴定费用本身而言也是一笔不小的开支。上述各项费用均是环境民事公益诉讼原告提起诉讼所应预先付出的诉讼成本，"诉讼成本会影响原告起诉。

---

[1] 胡印富、张霞："公益诉讼的司法图式及其反思"，载《山东社会科学》2019年第12期。

[2] 马军、邹慧、马新建："北京四中院'世界环境日'召开新闻通报会 通报环境民事公益诉讼审理情况"，载中国法院网：https://www.chinacourt.org/article/detail/2017/06/id/2889914.shtml，访问日期：2020年3月24日。

第四章 环保社会组织民事公益诉讼的配套制度建构

对于环境公益诉讼这类特殊的诉讼而言,环境遭受破坏所带来的影响(经济价值、生态价值等无法评估的损失)往往是不可逆转的,因此在环境公益诉讼中有必要建立资金保障机制,以确保提起环境公益诉讼的原告不致因高昂的诉讼费用而放弃起诉"。[1]环境民事公益诉讼的原告毕竟不是为了谋求私益而提起的诉讼,其诉讼目的在于维护不特定多数人的环境公共利益。因此,在其前期的诉讼过程中,应当通过一定的方式给予其一定的资金支持。环境公益诉讼专项资金正是为迎合这一目标而设立的,其作用和意义在于保障环境公益诉讼原告的基本诉权,调动原告维护环境公共利益的积极性。

依据我国现有法律条款规定,具有法定主体资格得以提起环境民事公益诉讼的环保社会组织相对有限,并且法律禁止其以牟利为目的提起民事公益诉讼。而环保社会组织所诉求的生态环境修复或恢复责任,往往具有加害主体和受害主体之间的地位不平等性。"若由社会组织提起环境民事公益诉讼,社会组织所面对的往往是经济实力强大的企业,而这些企业甚至可能有来自国家机关的支持,因此,不管是从经济方面来讲还是从权力方面来讲,社会组织都没有能力与之相抗衡。"[2]加之,环境污染或生态破坏往往具有普遍性、广泛性、生态系统联系性等特点,在环境公益诉讼过程中,为确定环境侵害行为与损害结果之间的因果关系以及环境损害的具体状态和数额,作为公益诉讼原告的环保社会组织若准备提起诉讼,需要提前垫付的费用项目种类往往众多且数额巨大。这其中包括因环境污染或

---

[1] 林煜:"社会组织参与环境公益诉讼的困境与进路",载《黑龙江生态工程职业学院学报》2019年第5期。

[2] 郭雪慧:"社会组织提起环境民事公益诉讼研究——以激励机制为视角",载《浙江大学学报(人文社会科学版)》2019年第3期。

生态破坏所造成的生态服务功能损失费，为确定该损失情况而支出的调查取证费、鉴定评估费、检验检测费等，为治理、恢复、修复受损的生态环境而支出的各项费用，为索赔高额的环境损害赔偿而支出的案件受理费等。为了提起环境民事公益诉讼并有望取得胜诉，环保社会组织必须在诉讼之前或者诉讼过程中支付上述费用，而这往往会成为阻却环保社会组织进入诉讼程序或者实体审理的障碍。毕竟，绝大多数环保社会组织都是由志愿者个人联合、民间机构或团体发起设立的，势单力薄、规模小是其典型特征。环保社会组织的经费来源主要包括会员缴纳的会费、社会捐赠以及可能的政府财政拨款。"虽然名义上民间环保组织的活动经费来源比较广泛，主要包括三个方面：一是环保民间组织收取的会费，二是环保民间组织成员或企业捐赠的费用及政府和主管单位拨款，三是环保组织通过提供咨询服务获得的少量收入。但是由于我国的民间环保组织发展尚不完善，各种资金的来源渠道仍存在许多障碍。"[1]相对于环境民事公益诉讼应当提前支付的案件受理费、评估鉴定费、专家咨询费、律师服务费等高额的费用支出，环保社会组织的经费状况往往会成为制约其提起环境民事公益诉讼的巨大障碍。与此同时，环保社会组织只是环境民事公益诉讼的形式原告，而并非所诉环境利益的归属主体。因此，即便环保社会组织取得胜诉，它也无权从败诉被告那里受领涉案环境损害赔偿金。

与一般的民事诉讼案件不同，环境民事公益诉讼案件具有公益性特征，这就意味着提起诉讼的原告只是涉案环境利益的代表主体，而并非环境利益的归属主体。环保社会组织提起的

---

[1] 沈费伟："生态文明建设视域下民间环保组织的自主治理研究"，载《学会》2019年第7期。

第四章　环保社会组织民事公益诉讼的配套制度建构

环境民事公益诉讼案件胜诉后，并不能像私益诉讼那样从败诉的被告处直接获取胜诉利益。为支持和鼓励环保社会组织民事公益诉讼的积极性，针对环保社会组织为准备诉讼所预先支付的相关费用，最高人民法院出台了支持性规定。例如，从《最高人民法院关于审理环境民事公益诉讼案件适用法律若干问题的解释》的有关规定[1]来看，不仅环境民事公益诉讼案件的胜诉原告可以从胜诉所获收益中取得调查取证、专家咨询、检验、鉴定等必要费用，而且败诉原告也可以从中酌情取得收益以用于抵顶上述费用支出；甚至连其他环境民事公益诉讼案件中的原告，无论其是否胜诉，也均能从胜诉公益诉讼案件所获收益中列支相关费用。有学者将环境民事公益诉讼原告获得上述资金支持的过程形象地称为"滚动支持模式"，以之作为环境民事公益诉讼基金制度设计的基本架构。"即先对环境民事公益诉讼案件提供前期的成本支持，在原告获得胜诉后，再从赔偿中取回前期所支持的诉讼成本，为下一个环境民事公益诉讼案件提供资金支持。而且，在原告胜诉时，可以用环境民事公益诉讼基金进行奖励，进而激励其他社会组织。"[2]环境致害行为人因环境民事公益诉讼案件败诉所支付的赔偿金，在司法实践中一般被称为环境损害赔偿金或者生态修复赔偿金，在理论研究中，我们把它统称为环境损害赔偿专项资金。由于环境公共利益的普遍性，基于环境民事公益诉讼所形成的环境损害赔偿专项资

---

[1]《最高人民法院关于审理环境民事公益诉讼案件适用法律若干问题的解释》（法释〔2015〕1号）第24条规定："人民法院判决被告承担的生态环境修复费用、生态环境受到损害至恢复原状期间服务功能损失等款项，应当用于修复被损害的生态环境。其他环境民事公益诉讼中败诉原告所需承担的调查取证、专家咨询、检验、鉴定等必要费用，可以酌情从上述款项中支付。"

[2] 郭雪慧："社会组织提起环境民事公益诉讼研究——以激励机制为视角"，载《浙江大学学报（人文社会科学版）》2019年第3期。

金，不可能归某个或某些环境利益享有主体所有和支配。对此，最高人民法院的司法解释虽然明确了环境民事公益诉讼原告可以从环境损害赔偿专项资金中列支部分诉讼费用，但是并未就该部分资金的具体申请、使用、管理、监督等程序作出进一步的规定。除此之外，我国目前再无其他全国适用的、关于环境损害赔偿专项资金方面的管理使用规定。

整体层面上环境损害赔偿金、生态修复资金管理和使用制度的缺乏，在某种程度上制约了我国环保社会组织民事公益诉讼活动的积极性、主动性和成效性。"目前，山东、海南、贵州等地设立了专门的环境修复资金账户，集中管理、使用当事人缴纳的生态环境修复资金。但在中央层面及全国大多数地区，修复资金的管理制度仍未有效建立。实践中，有的将资金上缴财政，有的将资金保管在法院执行账户或是交给检察机关管理，有的探索将资金交给第三方社会组织管理，资金难以统一有效管理的问题较为突出。"[1]从我国的司法实践来看，许多地方为此设有专门的环境公益诉讼专项资金账户（由生态环境局进行代管），或者设立了专门的环境损害赔偿基金账户（由基金会法人进行管理）。虽然我国某些地方政府部门和人民法院已经在这一方面进行了积极探索，如我国的海南、昆明、无锡、龙岩等地已经建立了公益诉讼专项资金制度，但仍然缺乏全国上下一致适用的普适性制度措施。"环境公共利益的公共物品属性以及受益人众多是任何国家均无法通过制度设计予以改变的事实，差别就在于其他国家通过制度设计解决了环境公益诉讼原告诉讼收益与诉讼成本的巨额反差，而我国还没有从根本上解决环境

---

[1] 江必新："中国环境公益诉讼的实践发展及制度完善"，载《法律适用》2019年第1期。

第四章　环保社会组织民事公益诉讼的配套制度建构

公益诉讼原告的成本分摊问题。"[1]为保障环保社会组织在环境民事公益诉讼救济方面的积极性和主动性，确保其诉讼活动的效果和效率，无论是国家政策还是法律制度，都应在环境公益诉讼专项资金来源、使用、管理、监督等方面给予强有力的支持和鼓励。

作为环境公共利益的代表主体，环保社会组织所实施的环保活动必须依据章程来开展。诉诸法院寻求公力救济是其进行环保活动的方式之一，环境民事公益诉讼是环保社会组织寻求司法救济的一种途径，其诉讼活动需依赖自己的物力、财力、人力等资源方能顺利进行。在我国，多数环保社会组织都是由环保志愿者们自发组织起来的，不以营利为目的，无论其组织形式为何，都不影响其公益组织性质。环保社会组织一般缺少固定的经费和收入来源，其活动经费多来自社会捐赠或志愿者捐款，且数额有限。"环境民事公益诉讼案件大多需要对损害事实、损害后果及赔偿、替代性修复解决方案等内容进行鉴定，且鉴定取证检测难度大，具体工作量大，人力、物力、时间和技术投入均要求高。"[2]然而，环境民事公益诉讼所需提前垫付的巨额资金与环保社会组织有限的物质财富之间，往往具有巨大反差。这是因为环境损害具有间接性、复杂性、长期性、多因性等特点，对其进行调查取证、鉴定评估、治理修复、诉讼救济等活动，不仅需要专业人员和专业知识，而且需要为之支付高额的费用。这就导致环保社会组织往往受制于财力、物力、人力限制，而无法完成对环境损害状况的深入调查和最终确认，

---

[1] 陈亮："环境公益诉讼'零受案率'之反思"，载《法学》2013 年第 7 期。

[2] 马军、邹慧、马新建："北京四中院'世界环境日'召开新闻通报会 通报环境民事公益诉讼审理情况"，载中国法院网：https://www.chinacourt.org/article/detail/2017/06/id/2889914.shtml，访问日期：2020 年 3 月 24 日。

继而也就难以启动环境民事公益诉讼程序，更别说进入实质性的法庭审理活动。"专业人才不足、专业水平不够、调查取证困难、诉讼费用过高，种种问题牵制着这些社会组织不敢或不能提起公益诉讼，又或者提起公益诉讼之后只能不了了之。"[1]例如，北京市朝阳区自然之友环境研究所（本文简称为"自然之友"）与中国生物多样性保护与绿色发展基金会（本文简称为"中国绿发会"）曾环境民事公益诉讼共同原告身份向江苏省常州市中级人民法院提起诉讼，状告引发常州外国语学校污染事件的始作俑者——江苏常隆化工有限公司、常州市常宇化工有限公司、江苏华达化工集团有限公司等三家污染企业[2]。该案经常

---

[1] 张雨晨：" 中国民事公益诉讼原告资格问题浅析 "，载《湖北经济学院学报（人文社会科学版）》2018 年第 1 期。

[2] 此案起因于常州外国语学校数百名学生因土地污染出现的不适反应，后经多家媒体报道，俗称其为"常州毒地"事件。2015 年 9 月份，常州外国语学校搬入距受污染土地仅一条马路之隔的新校址后不久，数百名学生体检查出皮炎、湿疹、支气管炎、血液指标异常、白细胞减少等异常症状。涉案"毒地"曾是江苏常隆化工有限公司、常州市常宇化工有限公司、江苏华达化工集团有限公司三家企业的原厂址所在地，三家公司在生产经营以及对危险废物的处理过程中污染了土地及周边环境，后来三家企业搬离涉案"毒地"，但并未对其进行修复处理。自然之友和中国绿发会以之为由，于 2016 年 4 月 29 日将上述三家公司起诉到常州市中级人民法院。诉请法院：①判令三被告消除其污染物对原厂址及周边区域土壤、地下水等生态环境的影响，并承担相关生态环境修复费用（共计 3.7 亿元），生态环境损害无法修复的，判令三被告实施货币补偿，用于替代修复；②判令三被告对其造成的土壤、地下水污染等生态环境损害行为，在国家级、江苏省级和常州市级媒体上向公众赔礼道歉；③请求判令三被告承担原告因诉讼支出的生态环境损害调查费用、污染检测检验费、损害评估鉴定费用、生态环境修复方案编制费用、律师费、差旅费、调查取证费、专家咨询费、案件受理费等（共计 522 135.6 元）。常州市中级人民法院对该案进行审理后，于 2017 年 1 月 25 日作出一审判决，判决驳回自然之友和中国绿发会的诉讼请求，并判令二环保社会组织共同负担案件受理费 189.18 万元。该案件受理费的数额，是一审法院根据原告诉讼请求数额，以财产案件的收费标准按《诉讼费用缴纳办法》计算得来的。详见江苏省常州市中级人民法院 [2016] 苏 04 民初 214 号民事判决书。

第四章 环保社会组织民事公益诉讼的配套制度建构

州市中级人民法院一审后，法院判决不但未支持两环保社会组织的诉讼请求，而且还判决提起诉讼的两环保社会组织共同承担案件受理费189.18万元巨额案件受理费，[1]从而致使该起环

（接上页）与上述常州"毒地"环境民事公益诉讼案件同时提起的案件还有涉案"毒地"修复过程中导致的二次污染环境公益诉讼。2016年11月29日，自然之友和中国绿发会又以民事公益原告主体的身份将常州黑牡丹建设投资有限公司、江苏天马万象建设集团有限公司告上法庭，理由是两被告公司在对常隆地块开展修复过程中未按照修复技术方案及法律法规的要求落实防护措施，导致污染土壤中有机废气的散发，对常隆地块周边区域的大气环境造成了污染，且违规倾倒"常隆地块"工程土方对被倾倒地的环境造成了损害。从常州"毒地"事件的发生原因来看，上述涉案共同被告公司在对常州市常隆地块开展修复的过程中处置不当，继而对周边环境造成了大气和土壤二次损害。其涉案原因，已被2016年8月国务院教育督导委员会专项督导组、环保部和江苏省政府调查组、国家卫计委和江苏省卫计委医疗卫生专家组的调查结论证实。专家组调查结论指出"常隆地块"前期修复过程中确实存在问题，如未建设密闭大棚及配套废气收集设备，日常监管不到位，学校未经竣工环保验收违规投入使用等。

2016年12月9日，此案在江苏省常州市获得立案，案号为：[2016]苏04民初458号。作为被告之一的常州黑牡丹建设投资有限公司，是涉案毒地项目修复治理的招标人，负责该毒地土壤治理及地下水处理工程招标；作为被告之二的江苏天马万象建设集团有限公司，是涉案毒地项目修复治理的中标单位，负责该项目土壤治理工程中的土石方工程。2019年11月27日本案庭审中，原告自然之友追加了该修复工程的环境监理单位常州环保科技开发推广中心和工程监理单位江苏嘉越工程项目管理有限公司等为共同被告，主张涉案共同被告对修复常州"毒地"过程中产生的大气污染和土壤污染承担相应责任。原告具体诉讼请求为：请求法院判令被告赔偿大气环境损害修复费用2955万元，土壤环境损害修复费用暂定50万元；请求判令被告在《人民日报》《新华日报》等媒体向公众赔礼道歉；请求判令被告连带承担原告的专家咨询费5万元，差旅费25 580.5元，律师费1 143 670元。目前，该案仍未正式裁判。就该起环境民事公益诉讼案件所诉请的环境损害赔偿数额与高额的诉讼费用而言，环保社会组织提起环境民事公益诉讼必须以充足的公益诉讼资金为前提条件。

[1] 根据江苏省高级人民法院[2017]苏民终232号民事判决书内容：2018年12月27日江苏省高级人民法院对此案的二审判决撤销了一审判决书案件受理费的部分，最终判决一审和二审案件受理费各100元，由三家污染企业企业承担。其判决理由为"本案上诉人提出的由被上诉人修复受损环境、赔礼道歉的诉求属于非

保社会组织的环境民事公益诉讼险些被停止推进。

"据中华环保联合会2014年的调查显示，全国60%的环保组织无力负担固定办公场所，超过80%的组织年度筹资不足5万元，而近半组织没有法律相关业务。"[1]为解决环境民事公益诉讼案件诉讼费用来源这一难题，我国许多地方的法院和环保行政主管部门在环境民事公益诉讼条款出台之前，就已经开始了相关的制度探索和司法实践。据我国最高人民法院环境资源审判庭副庭长魏文超在2018年6月的最高人民法院新闻发布会上介绍："云南省昆明市、贵州省贵阳市、江苏省泰州市、无锡市、徐州市等先后建立了环境公益诉讼专项资金账户。"这些设置环境公益专项资金账户的试点地区，同时大都辅之以相应的制度保障，以解决环保社会组织难以支付的高额公益诉讼费用问题。"关于基金的适用，不仅可以实现环保组织调取证据、损害鉴定、污染治理与生态恢复评估、诉讼费用具有充足的资金保障，同时也可以在一定条件下，对败诉的环保组织给予适当的资金支持，缓解环保组织的生存压力。"[2]

（接上页）财产诉求。上诉人提出的由被上诉人承担修复费用的诉求因无法确定后续治理所需费用，不能作为案件受理费的计算依据。且上诉人优先诉求是由被上诉人修复受损环境，承担修复费用系优先诉求不能实现时的备位诉求，应当按照优先诉求确定案件受理费。因此，本案按照非财产案件计算案件受理费"。除一审和二审案件受理费分别为100元（按非财产案件标准确定）由三家污染企业承担之外，江苏省高级人民法院二审裁判还要求三被告企业赔礼道歉，并承担两公益原告差旅费、律师费共计46万元。该案所涉及的有关费用问题，充分说明了环保社会组织若要提起环境民事公益诉讼，必须有充足的资金支持，否则，无法有效启动旨在维护环境公共利益的民事诉讼。

〔1〕李超恽、奎照："难以承受的'天价诉讼费'"，载《中国青年报》2017年2月7日。

〔2〕栗楠："环保组织发展困境与对策研究——以环境民事公益诉讼为视角"，载《河南大学学报（社会科学版）》2017年第2期。

第四章　环保社会组织民事公益诉讼的配套制度建构

就我国现行规定而言，环保社会组织提起民事公益诉讼已经具备具有可操作性的法律规范。然而，环保社会组织虽是提起环境民事公益诉讼的原告，但它却并非诉讼利益主体的化身，而只是代表主体。从此种意义上来说，"环境公益诉讼本质上是一种受害人之外的'第三者'诉讼"。[1]所谓"第三者"，是相对于环境公益致害方和受害方而言的，它不同于私益诉讼的原告。在某种程度上而言，环保社会组织只是程序意义上的原告，而非实体意义上的原告。因为其诉讼请求和诉讼目的在于，诉请法院判令环境公益致害方采取一定措施，将受损环境恢复到良好状态，而不是让致害方向自己承担什么责任。这才是环境民事公益诉讼的关键所在。"这类诉讼的发动者本身与案件没有直接的法律上的利害关系，而是完全从维护环境公益的角度出发，以维护环境公益为唯一目的。"[2]从一般做法上来看，环保社会组织往往要求致害方提供一定的环境损害赔偿金，以设立某种形式的环境保护基金，或者将环境损害赔偿款直接注入环境保护基金。"已经设立的基金或者专项资金账户中，有的设立在法院，有的设立在财政部门，还有的则设立在环保部门。从两年来全国法院受理的环境公益诉讼案件来看，大多数案件原

---

〔1〕 "这种诉讼是对环境价值重新认识的结果，环境价值的基础性和广泛性决定了环境保护不仅涉及社会生活的诸多方面，而且与人类生存以及与人类生存密切相关的诸多范畴紧密相关。任何对环境利益的损害都会波及整个社会，而在当今社会，任何人都不可能脱离环境条件独善其身，也不可能以任何方式独占环境利益。然而由于环境利益的扩散性，并非所有的受害者都能自觉站起来为权利抗争，其后果是环境侵害者逍遥法外，而公众的环境利益乃至环境本身受到严重损害却无法恢复。要改变这一现状，可实行允许受害者以外的第三者提起诉讼、起诉权也随之由受害者转移给第三者的新型诉讼制度。"详见吕忠梅：《环境公益诉讼辨析》，载《法商研究》2008年第6期。

〔2〕 邓小云：《确定环境诉讼原告资格不宜适用利益关联原则》，载《甘肃社会科学》2010年第3期。

告都提出了修复环境和赔偿服务功能损失的诉讼请求,也大都得到了支持,且大部分环境公益诉讼生效裁判判令向上述基金或专项资金账户给付。"[1]该保护基金是以一定的方式独立运作的,接受民政部门或环保行政主管部门的行政监管,但并不受提起公益诉讼环保社会组织的支配。对此,全国政协委员、全国政协社会和法制委员会驻会副主任吕忠梅曾指出,政府应出台相关措施以鼓励环保社会组织提起环境民事公益诉讼,她"建议政府设立公益诉讼生态补偿专项基金,建立将公益诉讼裁判资金统一监管、有序有效使用的基金管理制度,鼓励支持社会组织提起环境公益诉讼"。[2]

在环境民事公益诉讼中,环境损害赔偿金一旦获得法院判决支持,作为环境公益的代表主体,环保社会组织针对环境公益致害方的维权事宜也就归于完结。"立法者从最适宜保护环境的角度出发,通过法律将部分个体拟制成环境利益的主体,使此部分个体从非环境利益所有者变为具体化后的环境利益所有者。但是这种利益主体仅存在于诉讼程序中,始于程序启动,终于程序结束。"[3]至于环境损害赔偿金的管理和使用,则转由其他主体、根据专门规则、用于特定环保用途。然而,从我国多个地方的环境损害赔偿金管理与使用试点情况来看,其闲置率较高而使用率较低。究其原因,在于环境损害赔偿金的管理使用规则缺失,临时代管机构与有意修复受损生态环境的单位和个人无所适从。"法院在赔偿判决执行后工作结束,环保组织

---

[1] 王旭光、王展飞:"中国环境公益诉讼的新进展",载《法律适用》2017年第6期。

[2] 王琳琳:"保障社会组织开展公益诉讼需精准施策",载《中国环境报》2018年3月14日。

[3] 黄亚洲、孔金萍:"环境民事公益诉讼原告资格的破与立——法律拟制的程序中利益主体",载《沈阳工业大学学报(社会科学版)》2019年第6期。

第四章 环保社会组织民事公益诉讼的配套制度建构

不敢动用该赔偿金以免被质疑起诉动机,也缺乏实施或组织生态环境修复的专业能力和监管能力,环境监管机关虽然有专业能力和监管能力,但不属于案件当事人,其结果是公益诉讼胜诉和赔偿金到位,但生态环境并没有获得修复,环境公益诉讼保护环境的目标并没有实现。"[1]从环境损害赔偿金管理使用的实际运行过程来看,曾经提起环境公益诉讼并获得法院支持的环保社会组织,连同热心于环境公共利益保护的其他环保社会组织和政府职能部门,都只能以监督主体的角色,对环境损害赔偿基金的使用去向进行监督。对于环保社会组织而言,倘若环境损害赔偿基金使用不当,则可能由此引发新一轮的环境公益诉讼,借此以确保环境公共利益的真正实现。环保社会组织提起民事公益诉讼不同于法律规定的机关以及检察机关,它没有政府财政支持作为诉讼活动的后盾保障。环境民事公益诉讼基金可以缓解环保社会组织在民事公益诉讼活动过程中的资金缺口,从而起到与财政拨款支持法律规定机关和检察机关提起环境民事公益诉讼的相同作用。环境民事公益诉讼基金若要有效、充分、持久地发挥作用,必须辅之以相应的制度规范。对此,我国在国家级别层面进行制度设计时,应当充分借鉴各地在环境民事公益诉讼基金制度探索过程中所取得的实践经验。"环境民事公益诉讼基金制度的构建,要从基金的设立、资金来源、适用范围、申请规则及监管制度等方面进行完善。"[2]

---

[1] 胡静:"环保组织提起的公益诉讼之功能定位——兼评我国环境公益诉讼的司法解释",载《法学评论》2016年第4期。

[2] 郭雪慧:"社会组织提起环境民事公益诉讼研究——以激励机制为视角",载《浙江大学学报(人文社会科学版)》2019年第3期。

参考文献

[1] 陈亮:"环境公益诉讼'零受案率'之反思",载《法学》2013年第7期。

[2] 中华环保联合会、国际自然资源保护协会:"民间环保组织在环境公益诉讼中的角色及作用",载中国发展简报：http://www.chinadevelopmentbrief.org.cn/news-16773.html。

[3] 王世进、曾祥生:"侵权责任法与环境法的对话：环境侵权责任最新发展——兼评《中华人民共和国侵权责任法》第八章",载《武汉大学学报（哲学社会科学版）》2010年第3期。

[4] "2020年1月14日上午10:00最高人民法院第22至24批指导性案例新闻发布会全文实录",载中国法院网：https://www.chinacourt.org/chat/fulltext/listId/52377/template/courtfbh20200114.shtml。

[5] 胡静、姚俊颖:"提起环境公益诉讼是环境监管部门的新职责",载《环境经济》2013年第Z1期。

[6] 王小钢:"为什么环保局不宜做环境公益诉讼原告?",载《环境保护》2010年第1期。

[7] 秘明杰:"环境民事公益诉讼原告之环保机关的主体资格审视",载《内蒙古社会科学（汉文版）》2014年第1期。

[8] 沈寿文:"环境公益诉讼行政机关原告资格之反思——基于宪法原理的分析",载《当代法学》2013年第1期。

[9] 张雨晨:"中国民事公益诉讼原告资格问题浅析",载《湖北经济学院学报（人文社会科学版）》2018年第1期。

[10] 陶卫东:"检察机关提起环境公益诉讼之原告资格探究",载《中国

检察官》2011 年第 5 期。

[11] 江必新：" 认真学习贯彻习近平新时代中国特色社会主义思想 努力开创中国环境资源审判新局面——最高人民法院成立环境资源审判庭五周年工作情况通报 "，最高人民法院，2019 年 7 月 30 日。

[12] 余彦、马竞遥：" 环境公益诉讼起诉主体二元序位新论——基于对起诉主体序位主流观点的评判 "，载《社会科学家》2018 年第 4 期。

[13] 叶阳：" 社会组织提起环境民事公益诉讼主体资格辨识——从腾格里沙漠环境污染系列公益诉讼案展开 "，载《法律适用（司法案例）》2017 年第 6 期。

[14] 曾煌林、可文彤欣：" 环保组织参与环境公益诉讼的困境与出路 "，载《辽宁工业大学学报（社会科学版）》2017 年第 1 期。

[15] 胡锦光、王锴：" 论我国宪法中'公共利益'的界定 "，载《中国法学》2005 年第 1 期。

[16] 李义松、苏胜利：" 环境公益诉讼的制度生成研究——以近年几起环境公益诉讼案为例展开 "，载《中国软科学》2011 年第 4 期。

[17] 肖建国：" 环保审判的贵阳模式 "，载《人民法院报》2011 年 7 月 7 日。

[18] 曾永华、张婧：" 环境公益诉讼'低受案率'的困境及破解 "，载中国法院网：https://www.chinacourt.org/article/detail/2017/12/id/3131934.shtml。

[19] 李天相等：" 我国社会组织作为环境公益诉讼原告主体的本土特性 "，载《中国环境管理干部学院学报》2016 年第 4 期。

[20] 王庆峰：" 美、印环境公益诉讼启示与研究 "，载《北方经贸》2013 年第 3 期。

[21] 龚学德：" 环境公益诉讼的角色解读与反思 "，载《河南师范大学学报（哲学社会科学版）》2013 年第 2 期。

[22] 黄娜、杜家明：" 社会组织参与环境公益诉讼的优化路径 "，载《河北法学》2018 年第 9 期。

[23] 林煜：" 社会组织参与环境公益诉讼的困境与进路 "，载《黑龙江生态工程职业学院学报》2019 年第 5 期。

[24] 孙笑侠："论法律与社会利益——对市场经济中公平问题的另一种思考"，载《中国法学》1995年第4期。
[25] 栗楠："环保组织发展困境与对策研究——以环境民事公益诉讼为视角"，载《河南大学学报（社会科学版）》2017年第2期。
[26] 肖霞、马永庆："集体与个人间权利与义务的统———集体主义的本质诉求"，载《道德与文明》2017年第2期。
[27] 周珂、林潇潇："论环境民事公益诉讼案件程序与实体法律的衔接"，载《黑龙江社会科学》2016年第2期。
[28] 窦学诚：《环境经济学范式研究》，中国环境科学出版社2004年版。
[29] 赵莹、陆阳、季托："培育引导环保社会组织参与环境事务的思考"，载《世界环境》2014年第1期。
[30] 高鸿钧：《现代法治的出路》，清华大学出版社2003年版。
[31] 康宗基："试论中国社会组织的兴起及其伦理意蕴"，载《大连海事大学学报（社会科学版）》2012年第4期。
[32] [法]托克维尔：《论美国的民主》（下卷），董国良译，商务印书馆1988年版。
[33] 嵇欣："当前社会组织参与环境治理的深层挑战与应对思路"，载《山东社会科学》2018年第9期。
[34] [美]罗斯科·庞德：《法理学》（第3卷），廖德宇译，法律出版社2007年版。
[35] 朱凌珂："环境民事公益诉讼中原告资格的制度缺陷及其改进"，载《学术界》2019年第12期。
[36] 雷苗苗："探析社会组织民事公益诉讼主体资格的建构"，载《社科纵横》2018年第7期。
[37] 中华环保联合会："中国环保民间组织发展状况报告"载《环境保护》2006年第10期。
[38] 余中平、洪嘉一："杭州环保社会组织的培育发展研究"，载《浙江树人大学学报（自然科学版）》2018年第2期。
[39] 郑琦："社会组织监管：美国的经验与启示"，载《社会主义研究》2013年第2期。

[40] 别智:"环保社会组织:环境公益诉讼的主力军——兼论《环境保护法》修改应当纳入环境公益诉讼",载《环境经济》2012年第12期。

[41] 顾向一:"受司法保护的公共利益界定标准及完善——基于环境民事公益诉讼农耕判决的分析",载《学海》2019年第6期。

[42] 李祥祥:"我国环保社会组织的生态治理功能定位",载《华北电力大学学报(社会科学版)》2016年第5期。

[43] 马昕:"日本公益法人改革探析",载《社团管理研究》2008年第9期。

[44] 张谧、赖江山:"民间环保社会组织在中国",载《生命世界》2007年第6期。

[45] 最高人民法院案例指导工作办公室:"《中国生物多样性保护与绿色发展基金会诉宁夏瑞泰科技股份有限公司环境污染公益诉讼案》的理解与参照——社会组织是否具备环境民事公益诉讼原告主体资格的认定",载《人民司法》2018年第23期。

[46] 梁从诫:"建立健全环保公益诉讼制度",载中国政协网:http://www.cppcc.gov.cn/2011/10/25/ARTI1319532934281415.shtml。

[47] 高民智:"贯彻实施新民事诉讼法(二)——关于民事公益诉讼的理解与适用",载《人民法院报》2012年12月7日。

[48] 闫继勇、高群:"山东进一步加强环境民事公益诉讼审判工作",载《人民法院报》2016年4月10日。

[49] 吴宇:"德国环境团体诉讼的嬗变及对我国的启示",载《现代法学》2017年第2期。

[50] 葛枫:"我国环境公益诉讼历程及典型案例分析——以'自然之友'环境公益诉讼实践为例",载《社会治理》2018年第2期。

[51] 中华环保联合会:"要让污染企业真正吃到苦头",载中国法院网:https://www.chinacourt.org/article/detail/2015/04/id/1579298.shtml。

[52] "云南阳宗海砷污染事件回放",载中国日报网:http://www.chinadaily.com.cn/dfpd/2009-06/03/content_9169588.htm。

[53] 高一村:"社会组织管理制度改革必须且急切——透过党的十八届二

中全会看社会组织改革",载《中国社会组织》2013 年第 2 期。

[54] 汪燕辉:"社会组织:污染防治攻坚战中的瞭望哨和加速器",载《环境保护》2019 年第 10 期。

[55] 林燕梅、王晓曦:"2013 环境公益诉讼回到原点",载自然之友、毕亮亮:《中国环境发展报告(2014)》,社会科学文献出版社 2014 年版。

[56] "中华环保联合会环境维权 2013 年重点工作及成效",载中华环保联合会:http://www.acef.com.cn/zhuantilanmu/2013hjwqtbh。

[57] 别涛:"江苏泰州'天价环境公益诉讼案'始末及评析",载《中国环境报》2015 年 1 月 14 日。

[58] 张伯驹、林红:"自然之友:推动政策制定与实践",载《中国环境报》2015 年 7 月 7 日。

[59] 马军、邹慧、马新建:"北京四中院'世界环境日'召开新闻通报会 通报环境民事公益诉讼审理情况",载中国法院网:https://www.chinacourt.org/article/detail/2017/06/id/2889914.shtml。

[60] 赵光:"环境民事公益诉讼主体多元化的思考与应对",载搜狐网:https://www.sohu.com/a/308673623_754323。

[61] 江必新:"中国环境公益诉讼的实践发展及制度完善",载《法律适用》2019 年第 1 期。

[62] 刘鹏:"环保社会组织参与生态环境保护的现实路径",载《行政与法》2019 年第 9 期。

[63] 陆红、宋永杰:"环境民事公益诉讼原告资格研究——基于环保组织起诉化工企业案的分析",载《河海大学学报(哲学社会科学版)》2016 年第 5 期。

[64] 张劲松:"中国环保社会组织的中国路",载《学习论坛》2018 年第 3 期。

[65] 胡印富、张霞:"公益诉讼的司法图式及其反思",载《山东社会科学》2019 年第 12 期。

[66] 秘明杰:"我国环保团体之环境诉讼主体资格探析",载张卫平主编:《民事程序法研究》(第 6 辑),厦门大学出版社 2011 年版。

[67] 刘鹏："建立健全环保社会组织参与机制"，载《吉林日报》2019 年 5 月 29 日。

[68] 刘海龙："中国社会组织双重管理体制该给的三个阶段及其解读"，载《中国劳动关系学院学报》2016 年第 4 期。

[69] 王琳琳："保障社会组织开展公益诉讼需精准施策"，载《中国环境报》2018 年 3 月 14 日。

[70] 关云芝、张明娟："我国环保社会组织发展问题研究"，载《行政与法》2019 年第 11 期。

[71] 杨群英、莫丽月："我国民间组织的'草根'境遇及现行登记管理制度之改革"，载《湘潭大学学报（哲学社会科学版）》2008 年第 3 期。

[72] 李朔严、曹渝："策略式发展：中国社会组织与政府的共生关系"，载《文化纵横》2018 年第 6 期。

[73] 齐洁、毛寿龙："非政府组织健全与社会管理创新——以环保非政府组织为例"，载《现代管理科学》2015 年第 1 期。

[74] 孙发锋："我国社会组织登记管理制度改革——基于地方创新的视角"，载《行政论坛》2013 年第 1 期。

[75] 滑璇："社会组织登记'开闸'"，载《中国新闻周刊》2013 年第 9 期。

[76] 沈费伟："生态文明建设视域下民间环保组织的自主治理研究"，载《学会》2019 年第 7 期。

[77]《马克思恩格斯选集》（第 4 卷），人民出版社 1995 年版。

[78] "近五年广州社会组织数量年均增长一成"，载《新快报》2018 年 1 月 16 日。

[79] 蔡玉凤、唐恒书："非营利组织绩效评价体系的构建——以环保社会组织为例"，载《财经论坛》2013 年第 5 期。

[80] 章高荣："放松社会组织登记是大势所趋"，载《社会与公益》2013 年第 2 期。

[81] 何静："国外非政府组织的管理模式及对中国的启示"，载《学术探索》2013 年第 6 期。

[82] 冉思伟、龚虹波："我国海洋类社会组织发展的现状、困境与对策"，载《浙江海洋大学学报（人文科学版）》2019年第2期。

[83] "渐行渐近的中国环保民间力量"，载《江苏环境》2014年第7期。

[84] 吴琼："江苏118家环保社会组织联合从这4个方面发出倡议"，载新华报业网：http://js.xhby.net/system/2018/02/07/030790772.shtml。

[85] 李迎生："探索社会工作介入社会治理创新的有效路径"，载《社会工作与管理》2014年第3期。

[86] 郭雪慧："社会组织提起环境民事公益诉讼研究——以激励机制为视角"，载《浙江大学学报（人文社会科学版）》2019年第3期。

[87] 李超恽、奎照："难以承受的'天价诉讼费'"，载《中国青年报》2017年2月7日。

[88] 吕忠梅："环境公益诉讼辨析"，载《法商研究》2008年第6期。

[89] 邓小云："确定环境诉讼原告资格不宜适用利益关联原则"，载《甘肃社会科学》2010年第3期。

[90] 张辉："美国公民诉讼之'私人检察总长理论'解析"，载《环球法律评论》2014年第1期。

[91] 吴海潮、胡公枢："检察机关提起环境民事公益诉讼的问题检视"，载《中国检察官》2018年第4期。

[92] 王旭光、王展飞："中国环境公益诉讼的新进展"，载《法律适用》2017年第6期。

[93] 胡静："环保组织提起的公益诉讼之功能定位——兼评我国环境公益诉讼的司法解释"，载《法学评论》2016年第4期。

[94] 宋言奇："我国民间环保社会组织的模式分析及其扶持策略——以苏州为例"，载《青海社会科学》2016年第2期。

[95] 巩固："环境民事公益诉讼性质定位省思"，载《法学研究》2019年第3期。

[96] 刘学在：《民事公益诉讼制度研究——以团体诉讼制度的构建为中心》，中国政法大学出版社2015年版。

[97] 黄亚洲、孔金萍："环境民事公益诉讼原告资格的破与立——法律拟制的程序中利益主体"，载《沈阳工业大学学报（社会科学版）》

2019年第6期。

[98] 秘明杰:"环境民事公益诉讼之检察机关主导模式研究",载《成都理工大学学报(社会科学版)》2012年第6期。

[99] 陈泉生、秘明杰:"环境公益代表之环保组织运行体制研究",载《中国社会科学院研究生学院学报》2015年第1期。

[100] 许尚豪:"公益诉讼的当事人研究——从'公'益、'共'益及'第三种利益'说开来",载《兰州学刊》2015年第3期。

[101] 蔡守秋:"环境公益是环境公益诉讼发展的核心",载《环境法评论》2018年第1期。

附 录

一、社会组织登记管理条例（草案）

社会组织登记管理条例

（2018年9月1日征求意见稿）

第一章 总 则

第一条 为了规范社会组织登记管理，维护社会组织合法权益，促进社会组织健康有序发展，制定本条例。

第二条 本条例所称社会组织，包括社会团体、基金会、社会服务机构。

社会团体，是指中国公民自愿组成，为实现会员共同意愿，按照其章程开展活动的非营利法人。国家机关以外的组织可以作为单位会员加入社会团体。

基金会，是指利用自然人、法人或者其他组织捐赠的财产，以提供扶贫、济困、扶老、救孤、恤病、助残、救灾、助医、助学、优抚服务，促进教育、科学、文化、卫生、体育事业发展，防治污染等公害和保护、改善生态环境，推动社会公共设施建设等公益慈善事业为目的，按照其章程开展活动的非营利法人。

社会服务机构，是指自然人、法人或者其他组织为了公益目的，利用非国有资产捐助举办，按照其章程提供社会服务的非营利法人。

第三条 法律、行政法规对社会团体、基金会、社会服务机构另有规定的，按照有关法律、行政法规的规定执行。

第四条 社会组织应当遵守宪法、法律、法规、规章和国家政策，践行社会主义核心价值观，弘扬中华民族传统美德，不得从事或者资助危害国家统一、安全和民族团结，损害国家利益、社会公共利益以及其他组织和公民的合法权益，违背社会公德的活动。

社会组织不得从事营利性经营活动。

第五条 国家保护社会组织依法开展活动，任何组织和个人不得非法干涉。

第六条 国家建立社会组织工作协调机制，统筹、规划、协调、指导社会组织工作。

第七条 在社会组织中，根据中国共产党章程及有关规定，建立中国共产党的组织并开展活动。社会组织应当为中国共产党组织的活动提供必要条件。

第八条 国务院民政部门和县级以上地方各级人民政府民政部门是本级人民政府的社会组织登记管理机关（以下简称登记管理机关）。

国务院有关部门和县级以上地方各级人民政府有关部门、国务院或者县级以上地方各级人民政府授权的组织，是社会组织业务主管单位（以下简称业务主管单位）。

第九条 国家制定扶持鼓励政策，支持社会组织发展。

社会组织以及对社会组织进行捐赠的个人和组织符合条件的，按照税收法律、行政法规的规定享受税收优惠。

对在经济和社会发展中做出突出贡献的社会组织,按照国家有关规定给予表彰、奖励。

第二章 设立、变更和注销

第一节 一般规定

第十条 设立下列社会组织,依照本条例的规定直接登记:

(一) 行业协会商会;

(二) 在自然科学和工程技术领域内从事学术研究和交流活动的科技类社会团体、社会服务机构;

(三) 提供扶贫、济困、扶老、救孤、恤病、助残、救灾、助医、助学服务的公益慈善类社会组织;

(四) 为满足城乡社区居民生活需求,在社区内活动的城乡社区服务类社会团体、社会服务机构。

设立前款规定以外的社会组织,以及依照法律、行政法规和国家有关规定须有业务主管单位的行业协会商会,应当经其业务主管单位审查同意,并依照本条例的规定进行登记。

第十一条 设立社会组织,应当具备下列条件:

(一) 有规范的名称、章程、组织机构;

(二) 有与其业务活动相适应的从业人员;

(三) 有必要的注册资金;

(四) 有固定的住所。

第十二条 申请设立社会组织,由发起人向登记管理机关申请登记。

发起人应当对社会组织申请材料的合法性、真实性、有效性、完整性负责,对社会组织登记之前的筹备活动负责。发起人不得以拟设立社会组织名义开展与发起无关的活动,不得向非特定对象发布筹备和筹款信息。

主要发起人应当担任本社会组织第一届理事会负责人。

第十三条　有下列情形之一的,不得作为社会组织的发起人、负责人:

(一)无民事行为能力或者限制民事行为能力;

(二)正在或者曾经受到剥夺政治权利的刑事处罚;

(三)因故意犯罪被判处刑罚,自刑罚执行完毕之日起未逾5年;

(四)在被吊销登记证书或者被取缔的组织担任负责人,自该组织被吊销登记证书或者被取缔之日起未逾5年;

(五)被列入严重违法失信名单。

第十四条　社会组织的名称应当符合法律、法规和规章的规定,不得违背社会公德。

社会组织的名称应当准确反映其特征。社会团体的名称应当与其业务范围、会员分布、活动地域相一致。基金会的名称应当与其登记管理机关管辖区域相一致。社会服务机构的名称应当与其业务范围、登记管理机关管辖区域相一致。

按照国家有关规定经过批准,国务院登记管理机关登记的社会组织名称,可以冠以"中国"、"全国"、"中华"等字样。经批准冠以上述字样的基金会,自登记之日起取得公开募捐资格。县级以上地方人民政府的登记管理机关登记的社会组织名称不得冠以上述字样。

第十五条　社会组织设立登记,由登记管理机关予以公告。

社会组织凭法人登记证书刻制印章、开立银行账户,依法办理税务登记。社会组织应当将印章式样、税务登记证件复印件报登记管理机关备案。

第二节　社会团体的设立

第十六条　下列团体不属于本条例规定登记的范围:

（一）参加中国人民政治协商会议的人民团体；

（二）由国务院机构编制管理机关核定，并经国务院批准免于登记的团体；

（三）机关、团体、企业事业单位、社区内部经本单位或者基层群众性自治组织同意设立，在本单位、本社区内部活动的团体。

第十七条　全国性的社会团体，由国务院的登记管理机关负责登记管理；地方性的社会团体，由所在地县级以上地方人民政府的登记管理机关负责登记管理；跨行政区域的社会团体，由所跨行政区域的共同上一级人民政府的登记管理机关负责登记管理；城乡社区服务类社会团体，由所在地县级人民政府的登记管理机关负责登记管理。

设立全国性的社会团体，应当有10个以上的发起人、10万元以上的注册资金；设立地方性的社会团体和跨行政区域的社会团体，应当有5个以上的发起人、3万元以上的注册资金。

社会团体的发起人在拟设立社会团体的业务范围和活动地域内应当具有社会认知的代表性，并成为本社会团体的会员。

社会团体应当有50个以上的个人会员或者30个以上的单位会员；个人会员、单位会员混合组成的，会员总数不少于50个。全国性的社会团体的会员，应当具有地域分布的广泛性。

设立业务范围相同或者相似的社会团体，应当符合国家有关规定。

第十八条　申请登记社会团体，发起人应当向登记管理机关提交下列文件：

（一）登记申请书；

（二）章程草案；

（三）验资凭证；

（四）住所证明；

（五）会员名单；

（六）发起人、拟任法定代表人和负责人的名单、基本情况、身份证明；

（七）建立中国共产党组织的工作方案。

前款第二项规定的章程草案、第六项规定的拟任法定代表人和负责人，须经2/3以上会员或者会员代表表决通过。

社会团体登记前须经业务主管单位审查同意的，发起人还应当向登记管理机关提交业务主管单位的批准文件。

第十九条 社会团体的章程，应当符合法律、法规的规定，并载明下列事项：

（一）名称、住所；

（二）宗旨、业务范围和活动地域；

（三）注册资金数额、来源；

（四）会员资格及其权利、义务；

（五）组织机构的组成、职责、产生程序、议事规则；

（六）法定代表人、负责人的职责、任职条件、任期及其产生、罢免的程序；

（七）财产的管理、使用原则；

（八）中国共产党党建工作要求；

（九）章程修改程序；

（十）终止程序和终止后财产的处理规定；

（十一）应当由章程规定的其他事项。

第二十条 登记管理机关应当自收到本条例第十八条所列全部有效文件之日起60日内，作出准予登记或者不予登记的决定。全国性的社会团体有特殊情况需要延长登记期限的，报经国务院的登记管理机关负责人批准，可以适当延长，但延长的期限不得超过 30 日。

登记管理机关审查发起人提交的文件，可以根据实际情况依法征求有关方面意见或者组织有关专家进行评估。

设立全国性或者活动地域跨省（自治区、直辖市）的社会团体，登记管理机关认为需要听证的，应当向社会公告，并举行听证。

向国务院的登记管理机关申请设立的社会团体，与该登记管理机关已登记的社会团体业务范围相同或者相似，不符合国家有关规定的，不予登记。

第二十一条 准予登记的社会团体，由登记管理机关发给《社会团体法人登记证书》，并在登记证书上标注统一社会信用代码。登记事项包括：

（一）名称；

（二）住所；

（三）宗旨、业务范围和活动地域；

（四）法定代表人和负责人；

（五）注册资金。

社会团体登记前须经业务主管单位审查同意的，登记事项还应当包括业务主管单位。

第二十二条 依照法律规定，自批准成立之日起即具有法人资格的社会团体，应当自批准成立之日起 60 日内向登记管理机关提交批准文件，申领《社会团体法人登记证书》。登记管理机关自收到批准文件之日起 30 日内发给《社会团体法人登记证书》。

第三节 基金会的设立

第二十三条 基金会由省级以上人民政府的登记管理机关负责登记管理。

设立基金会，注册资金不得低于800万元人民币，且为到账货币资金。

在国务院的登记管理机关登记的基金会，应当以资助慈善组织和其他组织开展公益慈善活动为主要业务范围，且发起人在有关领域具有全国范围的广泛认知度和影响力，注册资金不得低于6000万元人民币。

第二十四条 申请设立基金会，发起人应当向登记管理机关提交下列文件：

（一）登记申请书；

（二）章程草案；

（三）验资凭证；

（四）住所证明；

（五）发起人、理事、拟任法定代表人和负责人的名单、基本情况、身份证明；

（六）建立中国共产党组织的工作方案。

基金会登记前须经业务主管单位审查同意的，发起人还应当向登记管理机关提交业务主管单位的批准文件。

第二十五条 基金会章程应当明确基金会的公益慈善性质，不得规定使特定自然人、法人或者其他组织受益的内容。

基金会章程应当载明下列事项：

（一）名称、住所；

（二）宗旨、业务范围；

（三）注册资金数额；

（四）财产来源及构成；

（五）组织机构的组成、职责、产生程序、议事规则；

（六）法定代表人、负责人、理事和监事的职责、任职条件、任期及其产生、罢免的程序；

(七) 财产的管理、使用原则；

(八) 项目管理制度、信息公开制度；

(九) 中国共产党党建工作要求；

(十) 章程修改程序；

(十一) 终止程序和终止后财产的处理规定；

(十二) 应当由章程规定的其他事项。

第二十六条 登记管理机关应当自收到本条例第二十四条所列全部有效文件之日起 30 日内，作出准予或者不予登记的决定。有特殊情况需要延长登记期限的，报经国务院的登记管理机关负责人批准，可以适当延长，但延长的期限不得超过 60 日。

登记管理机关审查发起人提交的文件，可以根据实际情况依法征求有关方面意见或者组织有关专家进行评估。

第二十七条 准予登记的基金会，由登记管理机关发给《基金会法人登记证书》，并在登记证书上依法标注慈善组织、统一社会信用代码。

登记事项包括：

(一) 名称；

(二) 住所；

(三) 宗旨和业务范围；

(四) 法定代表人、负责人和理事；

(五) 注册资金。

基金会登记前须经业务主管单位审查同意的，登记事项还应当包括业务主管单位。

第四节 社会服务机构的设立

第二十八条 直接登记的社会服务机构，由所在地县级以上地方人民政府的登记管理机关负责登记管理。其中，城乡社区服务类社会服务机构,由所在地县级人民政府的登记管理机关负责登记管理。

登记前须经业务主管单位审查同意的社会服务机构,由与其业务主管单位同级的登记管理机关负责登记管理。

在国务院的登记管理机关登记的社会服务机构,发起人应当在有关领域具有全国范围的广泛认知度和影响力,注册资金不得低于1000万元人民币,且为到账货币资金。省级以下地方各级人民政府登记管理机关登记的社会服务机构注册资金标准,由省级人民政府的登记管理机关结合本地区实际确定。法律、行政法规对社会服务机构注册资金另有规定的,从其规定。

第二十九条 申请登记社会服务机构,发起人应当向登记管理机关提交下列文件:

(一)登记申请书;

(二)章程草案;

(三)验资凭证;

(四)住所证明;

(五)发起人、理事、拟任法定代表人和负责人的名单、基本情况、身份证明;

(六)建立中国共产党组织的工作方案。

社会服务机构登记前须经业务主管单位审查同意的,发起人还应当向登记管理机关提交业务主管单位的批准文件。

第三十条 社会服务机构的章程,应当符合法律、法规的规定,并载明下列事项:

(一)名称、住所;

(二)宗旨、业务范围;

(三)注册资金数额、来源;

(四)组织机构的组成、职责、产生程序、议事规则;

（五）法定代表人、负责人、理事和监事的职责、任职条件、任期及其产生、罢免的程序；

（六）财产的管理、使用原则；

（七）中国共产党党建工作要求；

（八）章程修改程序；

（九）终止程序和终止后财产的处理规定；

（十）应当由章程规定的其他事项。

第三十一条 登记管理机关应当自收到本条例第二十九条所列全部有效文件之日起 60 日内作出准予登记或者不予登记的决定。国务院登记管理机关登记的社会服务机构有特殊情况需要延长登记期限的，报经国务院的登记管理机关负责人批准，可以适当延长，但延长的期限不得超过 30 日。

登记管理机关审查发起人提交的文件，可以根据实际情况依法征求有关方面意见或者组织有关专家进行评估。

第三十二条 准予登记的社会服务机构，由登记管理机关发给《社会服务机构法人登记证书》，并在登记证书上标注统一社会信用代码。登记事项包括：

（一）名称；

（二）住所；

（三）宗旨和业务范围；

（四）法定代表人、负责人和理事；

（五）注册资金。

社会服务机构登记前须经业务主管单位审查同意的，登记事项还应当包括业务主管单位。

对依照法律、行政法规规定，经有关业务主管单位审核或者登记，取得相应执业许可证书的社会服务机构，登记管理机关应当简化登记手续。

第五节 变更和注销

第三十三条 社会组织变更登记事项，应当自变更决议作出之日起 30 日内，向登记管理机关申请变更登记。

社会组织修改章程，应当自修改决议作出之日起 30 日内，报登记管理机关核准。

须经业务主管单位审查同意登记设立的社会组织，申请变更登记事项或者核准修改章程，应当自业务主管单位审查同意之日起 30 日内，向登记管理机关申请变更或者核准。

第三十四条 社会组织有下列情形之一的，应当向登记管理机关申请注销登记：

（一）出现章程规定的终止情形的；

（二）因分立、合并需要终止的；

（三）依法被撤销登记或者吊销法人登记证书的；

（四）因其他原因终止的。

第三十五条 社会组织终止前，应当进行清算。

清算期间，社会组织不得开展清算以外的活动。

第三十六条 社会组织应当自清算结束之日起 15 日内向登记管理机关提交注销登记申请书、清算报告书、清税证明等，办理注销登记。

社会组织登记前须经业务主管单位审查同意的，还应当向登记管理机关提交业务主管单位同意注销登记的文件。

登记管理机关准予注销登记的，发给注销证明文件，收回该社会组织的登记证书和印章，财务凭证按照国家有关会计档案管理的规定处理。

第三十七条 社会组织变更、注销登记，由登记管理机关予以公告。

第三十八条 登记管理机关依法作出变更登记、注销登记决定，社会组织拒不缴回或者无法缴回法人登记证书、印章的，由登记管理机关公告法人登记证书、印章作废。

第三十九条　法人登记证书遗失或者损坏的，社会组织应当在登记管理机关统一的信息平台上声明作废，并向登记管理机关申请补领。

第三章　组织机构

第四十条　社会团体的组织机构包括会员大会或者会员代表大会、理事会，可以根据需要设立常务理事会、监事或者监事会。

第四十一条　会员大会或者会员代表大会是社会团体的权力机构，行使制定、修改章程和会费标准，制定、修改负责人、理事和监事选举办法，审议批准理事会的工作报告和财务报告，决定社会团体的终止事宜，以及章程规定的其他职权。

第四十二条　理事会是会员大会或者会员代表大会的执行机构，行使章程规定的职权，对会员大会或者会员代表大会负责。理事任期由章程规定，但每届任期不得超过5年。

第四十三条　会员大会或者会员代表大会、理事会、常务理事会应当对所议事项的决定作出会议记录。会议记录应当由社会团体保存，并向会员通报。

第四十四条　社会团体的法定代表人由章程规定的负责人担任；社会团体的法定代表人不得同时担任其他社会团体的法定代表人。

同一社会团体的负责人之间不得具有近亲属关系。

第四十五条　基金会、社会服务机构设理事会，基金会理事为5人至25人，社会服务机构理事为3人至25人，理事任期由章程规定，但每届任期不得超过5年。第一届理事由发起人、捐赠人共同提名、协商确定。理事任期届满，连选可以连任。

基金会、社会服务机构相互间有近亲属关系的理事，总数不得超过理事总人数的 1/3。

在基金会领取报酬的理事不得超过理事总人数的 1/5。

第四十六条 理事会是基金会、社会服务机构的决策机构，依法行使章程规定的职权。

基金会、社会服务机构的理事会每年至少召开 2 次会议。理事会会议须有 2/3 以上理事出席方能召开；理事会决议须经全体理事过半数通过方为有效。

基金会、社会服务机构下列重要事项的决议，须经全体理事 2/3 以上通过方为有效：

（一）章程的修改；

（二）负责人、理事的产生、罢免；

（三）章程规定的重大资产变动及投资活动、重大交易及资金往来、关联交易；

（四）年度工作计划、年度工作报告、收支预算和决算；

（五）分立、合并、终止。

基金会、社会服务机构理事会会议应当制作会议记录，并由出席理事审阅、签名。

基金会、社会服务机构设执行机构。执行机构执行理事会的决定，行使章程规定的职权。

第四十七条 基金会、社会服务机构设监事。监事有 3 名以上的，应当设监事会。监事任期与理事任期相同。理事、理事的近亲属和基金会、社会服务机构财会人员不得兼任监事。

监事或者监事会按照章程规定的程序检查基金会、社会服务机构财务和会计资料，监督理事会遵守法律、法规、规章和章程的情况。

监事列席理事会会议，有权向理事会提出质询和建议，并应当向登记管理机关、业务主管单位以及税务、会计主管部门反映情况。

监事和未在基金会、社会服务机构担任专职工作的理事不得从基金会、社会服务机构获取报酬。

第四十八条　基金会、社会服务机构的法定代表人由章程规定的负责人担任，且应为内地居民。

基金会的法定代表人不得同时担任其他社会组织的法定代表人。

第四十九条　基金会、社会服务机构的负责人从理事中选举产生。社会服务机构执行机构负责人可以通过聘任产生。

基金会、社会服务机构的负责人不得由在职公务员兼任。

担任基金会负责人的香港居民、澳门居民、台湾居民、外国人，每年在中国内地居留时间不得少于3个月。

第五十条　社会团体可以依据其会员组成特点、业务范围的划分、财产的划分设立分支机构。基金会可以依据其业务范围的划分、财产的划分设立分支机构。社会服务机构可以依据其业务范围的划分、财产的划分设立分支机构，依托场所提供服务的社会服务机构也可以依据其服务需要，在其登记管理机关管辖范围内按场所分布设立分支机构。

社会组织可以在其登记管理机关管辖区域内，设立代表该社会组织开展联络、交流、调研的代表机构。

社会组织设立分支机构、代表机构要与其管理服务能力相适应。

分支机构、代表机构是社会组织的组成部分，不具有法人资格，应当按照其所属社会组织的章程规定的宗旨和业务范围，在该社会组织授权的范围内使用规范全称开展活动。分支机构、代表机构的全部收支应当纳入社会组织财务统一核算。

第四章 活动准则

第五十一条 社会组织的财产来源应当合法。任何单位和个人不得侵占、私分或者挪用社会组织的财产。

社会组织的财产，应当用于章程规定的业务活动，不得在发起人、捐赠人、会员或者理事中分配。

社会组织专职工作人员的工资福利开支应当控制在规定的比例内，不得变相分配该组织的财产。

第五十二条 社会团体收取的会费，应当主要用于为会员提供服务及开展业务活动等支出。会费标准的额度应当明确，不得具有浮动性。社会团体的分支机构、代表机构不得单独制定会费标准，不得重复收取会费。

第五十三条 社会组织应当接受税务、会计主管部门和审计机关依法实施的税务、会计和审计监督。

社会组织在换届或者更换法定代表人前，应当进行财务审计。

社会组织财务收支应当全部纳入其开立的银行账户，不得使用其他组织或者个人的银行账户。

第五十四条 社会组织接受捐赠、资助，应当符合章程规定的宗旨和业务范围，不得违反法律、法规和社会公德。社会组织应当根据与捐赠人、资助人约定的期限、方式和合法用途使用捐赠、资助。

社会组织开展对外合作项目等活动，应当符合国家有关规定。

第五十五条 社会组织不得设立地域性分支机构。

社会组织的分支机构、代表机构不得再设立分支机构、代表机构。

社会组织之间不得建立或者变相建立垂直领导关系。

第五十六条 基金会、社会服务机构理事、负责人遇有个人利益与基金会、社会服务机构利益关联时，不得参与相关事宜的决策。

监事及其近亲属不得与其所在的社会组织有任何交易行为。

第五十七条 社会组织开展服务需要取得相应许可的，应当按照法律、行政法规的规定，向有关主管部门申请许可。

第五十八条 社会组织开展服务，应当执行国家或者行业组织制定的标准，保障服务质量。

第五十九条 社会组织收取费用的项目和标准根据服务成本、市场需求等因素确定，并接受有关主管部门的监督。

第五章 信息公开

第六十条 登记管理机关应当向社会公开下列信息：

（一）社会组织的登记事项、章程；

（二）对社会组织开展检查、评估的结果；

（三）对社会组织表彰、处罚的决定；

（四）法律、法规规定的其他应当公开的信息。

第六十一条 社会组织应当于每年 5 月 31 日前向登记管理机关报送上一年度的工作报告，并向社会公开。年度工作报告内容包括：遵守法律、法规和规章的情况，按照本条例履行登记手续的情况，按照章程开展活动的情况，人员和分支机构、代表机构等组织机构变动的情况，财务管理的情况，以及接受、使用捐赠、资助的情况。

须经业务主管单位审查同意登记设立的社会组织，应当在报送年度工作报告的同时，将年度工作报告报送业务主管单位。

第六十二条 社会组织应当通过登记管理机关统一的信息平台向社会公开分支机构、代表机构等组织机构信息、年度工作报告、接受使用社会捐赠情况和国务院的登记管理机关要求公开的其他信息，接受新闻媒体、社会公众的监督。

社会组织应当对所公开信息的真实性、准确性、完整性、及时性负责，不得有虚假记载、误导性陈述或者重大遗漏。

第六十三条 社会组织未按照本条例规定履行信息公开义务的，登记管理机关可以通过统一的信息平台向社会公示，督促其履行信息公开义务，有关部门按照法律、行政法规和国家有关规定，取消其承接政府转移职能和购买服务等资格。

第六十四条 涉及国家秘密、商业秘密、个人隐私的信息，以及捐赠人不同意公开的姓名、名称、住所、通讯方式等信息，不得公开。

第六章 监督管理

第六十五条 登记管理机关履行下列职责：

（一）负责社会组织的设立、变更、注销登记以及章程核准；

（二）对社会组织执行本条例的情况进行监督检查；

（三）对涉嫌违反本条例的行为进行查处。

第六十六条 登记管理机关对涉嫌违反本条例的行为进行查处，可以采取下列措施：

（一）约谈社会组织负责人；

（二）进入社会组织的住所、活动场所进行现场检查；

（三）询问与被调查事件有关的单位和个人，要求其对与被调查事件有关的事项作出说明；

（四）查阅、复制与被调查事件有关的文件、资料；

（五）查询被调查社会团体、社会服务机构的银行账户或者被调查基金会的金融账户。

拟采取前款第五项规定措施的，须经登记管理机关负责人批准。其中，查询被调查基金会的金融账户，须经本级人民政府批准。

进行现场检查、调查的人员不得少于2人，并应当出示合法证件。

被检查、调查的单位和个人应当配合，如实提供有关文件、资料，不得隐瞒、拒绝和阻碍。

第六十七条　业务主管单位履行下列职责：

（一）负责社会组织设立、变更、注销登记以及章程核准前的审查；

（二）监督、指导社会组织遵守宪法、法律、法规和规章，依据其章程开展活动；

（三）负责社会组织年度工作报告的审查；

（四）协助登记管理机关和其他有关部门查处社会组织的违法行为；

（五）会同有关机关指导社会组织的清算事宜；

（六）领导和管理社会组织党建工作；

（七）业务主管单位负责的其他事项。

第六十八条　党建工作机构统一领导和管理社会组织党建工作，指导和督促社会组织开展党的建设工作，对社会组织负责人进行资格审查。

国务院和县级以上地方各级人民政府有关行业的管理部门，将社会组织纳入行业管理，对相应领域社会组织进行政策和业务指导，履行监管职责。

外交、公安、价格、财政、人力资源社会保障、税务、审计、金融等部门按职能履行对社会组织的监管职责。

第六十九条　登记管理机关应当建立对社会组织的评估制度和对社会组织及其负责人等的信用信息管理制度，将直接登记的社会组织有关登记信息及时告知同级行业管理部门，并与业务主管单位、其他有关部门共享社会组织登记管理信息。

第七十条　登记管理机关、业务主管单位和其他有关部门履行本条例规定的职责，不得向社会组织收取费用。

第七十一条　登记管理机关、业务主管单位与其管辖的社会组织的住所不在同一地的，可以委托社会组织所在地的登记管理机关、业务主管单位负责委托范围内的监督管理工作。

第七十二条　任何单位和个人发现社会组织有违法行为的，可以向登记管理机关或者其他有关部门投诉、举报。

国家鼓励公众、媒体对社会组织进行监督，对违法违规行为予以曝光，发挥舆论和社会监督作用。

第七章　法律责任

第七十三条　未经登记，擅自以社会团体、基金会、社会服务机构名义进行活动，发起人以拟设立社会团体、基金会、社会服务机构名义开展与发起无关的活动，被撤销登记、吊销法人登记证书后继续以社会团体、基金会、社会服务机构名义进行活动的，由登记管理机关予以取缔，没收非法财物和违法所得，可以对直接责任人员处2万元以上20万元以下罚款。

第七十四条　社会组织在申请登记中弄虚作假、骗取登记的，由登记管理机关撤销登记。

第七十五条　社会组织从事或者资助危害国家统一、安全和民族团结活动，非法从事或者非法资助宗教活动的，由登记管理机关吊销法人登记证书，并将该社会组织列入严重违法失信名单。

第七十六条 社会组织有下列情形之一的，由登记管理机关责令改正，可以予以警告或者限期停止活动，并可以责令撤换直接负责的主管人员；情节严重的，吊销法人登记证书：

（一）未按照章程规定的宗旨和业务范围活动；

（二）从事营利性经营活动；

（三）违反本条例第十三条关于负责人任职条件的规定；

（四）伪造、变造、出租、出借法人登记证书、印章；

（五）未按照规定或者提供虚假材料办理变更登记、注销登记、章程核准手续；

（六）基金会年末净资产总额低于本条例第二十三条规定的注册资金数额；

（七）未使用规范的名称开展活动；

（八）理事、监事违反本条例规定领取报酬；

（九）违反规定设立分支机构、代表机构，或者对其疏于管理，造成严重后果；

（十）侵占、私分、挪用社会组织的财产；

（十一）违反国家有关规定收取费用、筹集资金或者接受、使用捐赠、资助；

（十二）违反本条例第五十三条第三款规定；

（十三）违反本条例第五十五条规定；

（十四）违反本条例第五十六条规定；

（十五）拒不接受或者不按照规定接受监督检查。

前款规定的行为有违法经营额或者违法所得的，予以没收，可以并处违法经营额1倍以上3倍以下或者违法所得3倍以上5倍以下的罚款；可以对直接负责的主管人员处2万元以上20万元以下罚款。

第七十七条 社会组织连续2年或者5年内累计3次未按照本条例规定履行年度报告义务的，由登记管理机关吊销法人登记证书。

社会组织取得法人登记证书后连续12个月未开展活动的，由登记管理机关吊销法人登记证书。

社会组织不依法进行清算，或者在清算期间开展与清算无关的活动的，登记管理机关可以对法定代表人、直接责任人员处2万元以上20万元以下罚款。

第七十八条 社会组织被限期停止活动的，由登记管理机关封存法人登记证书、印章和财务凭证。

第七十九条 登记管理机关、业务主管单位和其他有关部门的工作人员滥用职权、徇私舞弊、玩忽职守的，依法给予处分。

第八十条 违反本条例规定，构成违反治安管理行为的，依法给予治安管理处罚；构成犯罪的，依法追究刑事责任。

第八章 附 则

第八十一条 本条例所称社会组织的负责人，包括社会团体的理事长或者会长、副理事长或者副会长、秘书长，基金会的理事长、副理事长、秘书长，社会服务机构的理事长、副理事长、执行机构负责人。

第八十二条 社会团体、基金会、社会服务机构的章程示范文本，《社会团体法人登记证书》、《基金会法人登记证书》、《社会服务机构法人登记证书》的式样，由国务院民政部门制定。

第八十三条 本条例自 年 月 日起施行。1998年10月25日国务院发布、2016年2月6日修订的《社会团体登记管理条例》,1998年10月25日国务院发布的《民办非企业单位登记管理暂行条例》,2004年3月8日国务院公布的《基金会管理条例》同时废止。

二、社会组织信用信息管理办法

中华人民共和国民政部令 第 60 号

《社会组织信用信息管理办法》已经 2018 年 1 月 12 日民政部部务会议通过，现予公布，自公布之日起施行。

民政部部长　黄树贤

2018 年 1 月 24 日

社会组织信用信息管理办法

第一条　为加强社会组织信用信息管理，推进社会组织信用体系建设，促进社会组织健康有序发展，依据有关法律法规和国家有关规定，制定本办法。

第二条　本办法适用于社会组织登记管理机关（以下简称登记管理机关）在依法履行职责过程中形成或者获取的与社会组织信用状况有关信息的管理。

政府其他有关部门以及司法机关在履行职责过程中形成的与社会组织信用状况有关的信息，依法依规纳入社会组织信用信息进行管理。

第三条　国务院民政部门指导全国社会组织信用信息管理工作。

国务院民政部门和县级以上地方各级人民政府民政部门负责在本机关登记的社会组织信用信息管理工作。

第四条　社会组织信用信息的管理应当遵循依法公开、统一管理、分级负责、信息共享、动态更新的原则。

第五条　登记管理机关开展社会组织信用信息管理工作，

应当依法保守国家秘密、商业秘密和个人隐私。

第六条 社会组织信用信息包括基础信息、年报信息、行政检查信息、行政处罚信息和其他信息。

第七条 基础信息是指反映社会组织登记、核准和备案等事项的信息。

年报信息是指社会组织依法履行年度工作报告义务并向社会公开的信息。

行政检查信息是指登记管理机关及政府有关部门对社会组织开展监督检查形成的结论性信息。

行政处罚信息是指社会组织受到的行政处罚种类、处罚结果、违法事实、处罚依据、处罚时间、作出行政处罚的部门等信息。

其他信息是指社会组织评估等级及有效期限、获得的政府有关部门的表彰奖励、承接政府购买服务或者委托事项、公开募捐资格、公益性捐赠税前扣除资格等与社会组织信用有关的信息。

第八条 登记管理机关应当在信息形成或者获取后5个工作日内将应予记录的社会组织信用信息采集录入到社会组织信息管理系统。尚未建立社会组织信息管理系统的登记管理机关，应当采取适当方式及时采集、记录相关信息。

登记管理机关应当加强对信用信息的管理和维护，保证信息安全。

第九条 登记管理机关依据社会组织未依法履行义务或者存在违法违规行为的有关信用信息，建立社会组织活动异常名录和严重违法失信名单制度。

第十条 因非行政处罚事项被列入活动异常名录或者严重违法失信名单的社会组织，登记管理机关在作出决定前，应当向社会组织书面告知列入的事实、理由、依据及其依法享有的权利。通过登记的住所无法取得联系的，可以通过互联网公告告知。

社会组织对被列入活动异常名录或者严重违法失信名单有异议的，可以在收到告知书之日起10个工作日内向登记管理机关提出书面陈述申辩意见并提交相关证明材料。通过公告方式告知的，社会组织自公告之日起30日内未提交陈述申辩意见的，视为无异议。

登记管理机关应当自收到陈述申辩意见之日起10个工作日内进行核实，作出是否列入活动异常名录或者严重违法失信名单的决定，并书面告知申请人。

第十一条 登记管理机关应当将有下列情形之一的社会组织列入活动异常名录：

（一）未按照规定时限和要求向登记管理机关报送年度工作报告的；

（二）未按照有关规定设立党组织的；

（三）登记管理机关在抽查和其他监督检查中发现问题，发放整改文书要求限期整改，社会组织未按期完成整改的；

（四）具有公开募捐资格的慈善组织，存在《慈善组织公开募捐管理办法》第二十一条规定情形的；

（五）受到警告或者不满5万元罚款处罚的；

（六）通过登记的住所无法与社会组织取得联系的；

（七）法律、行政法规规定应当列入的其他情形。

登记管理机关在依法履职过程中通过邮寄专用信函向社会组织登记的住所两次邮寄无人签收的，视作通过登记的住所无法与社会组织取得联系。两次邮寄间隔时间不得少于15日，不得超过30日。

第十二条　社会组织存在第十一条所列情形，但由业务主管单位或者其他有关部门书面证明该社会组织对此不负直接责任的，可以不列入活动异常名录。

第十三条　社会组织在被列入活动异常名录期间，再次出现应当列入活动异常名录情形的，列入时限重新计算。

第十四条　被列入活动异常名录的社会组织按照规定履行相关义务或者完成整改要求的，可以向登记管理机关申请移出活动异常名录，登记管理机关应当自查实之日起5个工作日内将其移出活动异常名录；如不存在应当整改或者履行相关义务情形的，自列入活动异常名录之日起满6个月后，由登记管理机关将其移出活动异常名录。

第十五条　登记管理机关应当将有下列情形之一的社会组织列入严重违法失信名单：

（一）被列入活动异常名录满2年的；

（二）弄虚作假办理变更登记，被撤销变更登记的；

（三）受到限期停止活动行政处罚的；

（四）受到5万元以上罚款处罚的；

（五）三年内两次以上受到警告或者不满5万元罚款处罚的；

（六）被司法机关纳入"失信被执行人"名单的；

（七）被登记管理机关作出吊销登记证书、撤销成（设）立登记决定的；

（八）法律、行政法规规定应当列入的其他情形。

第十六条　社会组织在被列入严重违法失信名单期间，出现应当列入活动异常名录或者严重违法失信名单情形的，列入时限重新计算。

第十七条　依照本办法第十五条第（一）项被列入严重违

法失信名单的社会组织，登记管理机关应当自列入之日起，将其移出活动异常名录；自被列入严重违法失信名单之日起满2年，且按照规定履行相关义务或者完成整改要求的，可以向登记管理机关提出移出申请，登记管理机关应当自查实之日起5个工作日内将其移出严重违法失信名单。

依照本办法第十五条第（二）项至第（六）项规定被列入严重违法失信名单的社会组织，自被列入严重违法失信名单之日起满2年，可以向登记管理机关提出移出申请，登记管理机关应当自查实之日起5个工作日内将其移出严重违法失信名单。

依照本办法第十五条第（七）项规定被列入严重违法失信名单的，登记管理机关应当自该组织完成注销登记之日起5个工作日内将其移出严重违法失信名单。

第十八条 列入严重违法失信名单所依据的行政处罚决定、撤销登记决定或者"失信被执行人"名单被依法撤销或者删除的，社会组织可以向登记管理机关提出移出申请，登记管理机关应当自查实之日起5个工作日内将其移出严重违法失信名单。

第十九条 社会组织的信用信息、活动异常名录和严重违法失信名单应当向社会公开。登记管理机关通过互联网向社会提供查询渠道。

第二十条 社会组织对自身信用信息、活动异常名录和严重违法失信名单有异议的，可以向负责的登记管理机关提出书面申请并提交相关证明材料。登记管理机关应当在30个工作日内进行核实，发现存在错误的，应当自核实之日起5个工作日内予以更正；经核实后作出不予更改决定的，应当书面告知申请人并说明理由。

第二十一条 各级登记管理机关根据国家和本行政区域内信用体系建设的相关规定，通过全国信用信息共享平台向有关部门提供社会组织信用信息,实现部门信息共享。

第二十二条 各级登记管理机关协调配合相关部门,在各自职权范围内,依据社会组织信用信息采取相应的激励和惩戒措施,重点推进对失信社会组织的联合惩戒。

第二十三条 对信用良好的社会组织,登记管理机关可以采取或者建议有关部门依法采取下列激励措施:

(一)优先承接政府授权和委托事项;

(二)优先获得政府购买社会组织服务项目;

(三)优先获得资金资助和政策扶持;

(四)优先推荐获得相关表彰和奖励等;

(五)实施已签署联合激励备忘录中各项激励措施。

第二十四条 对被列入严重违法失信名单的社会组织,登记管理机关可以采取或者建议有关部门依法采取下列惩戒措施:

(一)列入重点监督管理对象;

(二)不给予资金资助;

(三)不向该社会组织购买服务;

(四)不授予相关荣誉称号;

(五)作为取消或者降低社会组织评估等级的重要参考;

(六)实施已签署联合惩戒备忘录中各项惩戒措施。

第二十五条 登记管理机关工作人员在开展社会组织信用信息管理工作中滥用职权、徇私舞弊、玩忽职守的,视其情节轻重给予批评教育或者行政处分;构成犯罪的,依法追究其刑事责任。

第二十六条 本办法自发布之日起施行。

三、社会组织评估管理办法

中华人民共和国民政部令第39号

《社会组织评估管理办法》已经2010年12月20日民政部部务会议通过,现予公布,自2011年3月1日起施行。

部　长：李立国

二〇一〇年十二月二十七日

社会组织评估管理办法

第一章　总　则

第一条　为了规范社会组织评估工作,制定本办法。

第二条　本办法所称社会组织是指经各级人民政府民政部门登记注册的社会团体、基金会、民办非企业单位。

第三条　本办法所称社会组织评估,是指各级人民政府民政部门为依法实施社会组织监督管理职责,促进社会组织健康发展,依照规范的方法和程序,由评估机构根据评估标准,对社会组织进行客观、全面的评估,并作出评估等级结论。

第四条　社会组织评估工作应当坚持分级管理、分类评定、客观公正的原则,实行政府指导、社会参与、独立运作的工作机制。

第五条　各级人民政府民政部门按照登记管理权限,负责本级社会组织评估工作的领导,并对下一级人民政府民政部门社会组织评估工作进行指导。

第二章 评估对象和内容

第六条 申请参加评估的社会组织应当符合下列条件之一：

（一）取得社会团体、基金会或者民办非企业单位登记证书满两个年度，未参加过社会组织评估的；

（二）获得的评估等级满 5 年有效期的。

第七条 社会组织有下列情形之一的，评估机构不予评估：

（一）未参加上年度年度检查；

（二）上年度年度检查不合格或者连续 2 年基本合格；

（三）上年度受到有关政府部门行政处罚或者行政处罚尚未执行完毕；

（四）正在被有关政府部门或者司法机关立案调查；

（五）其他不符合评估条件的。

第八条 对社会组织评估，按照组织类型的不同，实行分类评估。

社会团体、基金会实行综合评估，评估内容包括基础条件、内部治理、工作绩效和社会评价。民办非企业单位实行规范化建设评估，评估内容包括基础条件、内部治理、业务活动和诚信建设、社会评价。

第三章 评估机构和职责

第九条 各级人民政府民政部门设立相应的社会组织评估委员会（以下简称评估委员会）和社会组织评估复核委员会（以下简称复核委员会），并负责对本级评估委员会和复核委员会的组织协调和监督管理。

第十条 评估委员会负责社会组织评估工作，负责制定评估实施方案、组建评估专家组、组织实施评估工作、作出评估等级结论并公示结果。

复核委员会负责社会组织评估的复核和对举报的裁定工作。

第十一条 评估委员会由 7 至 25 名委员组成，设主任 1 名、副主任若干名。复核委员会由 5 至 9 名委员组成，设主任 1 名、副主任 1 名。

评估委员会和复核委员会委员由有关政府部门、研究机构、社会组织、会计师事务所、律师事务所等单位推荐，民政部门聘任。

评估委员会和复核委员会委员聘任期 5 年。

第十二条 评估委员会和复核委员会委员应当具备下列条件：

（一）熟悉社会组织管理工作的法律法规和方针政策；

（二）在所从事的领域具有突出业绩和较高声誉；

（三）坚持原则，公正廉洁，忠于职守。

第十三条 评估委员会召开最终评估会议须有 2/3 以上委员出席。最终评估采取记名投票方式表决，评估结论须经全体委员半数以上通过。

第十四条 评估委员会可以下设办公室或者委托社会机构（以下简称评估办公室），负责评估委员会的日常工作。

第十五条 评估专家组负责对社会组织进行实地考察，并提出初步评估意见。

评估专家组由有关政府部门、研究机构、社会组织、会计师事务所、律师事务所等有关专业人员组成。

第四章 评估程序和方法

第十六条 社会组织评估工作依照下列程序进行：

（一）发布评估通知或者公告；

（二）审核社会组织参加评估资格；

（三）组织实地考察和提出初步评估意见；

（四）审核初步评估意见并确定评估等级；

（五）公示评估结果并向社会组织送达通知书；

（六）受理复核申请和举报；

（七）民政部门确认社会组织评估等级、发布公告，并向获得3A以上评估等级的社会组织颁发证书和牌匾。

第十七条 地方各级人民政府民政部门应当将获得4A以上评估等级的社会组织报上一级民政部门审核备案。省级人民政府民政部门应当在每年12月31日前，将本行政区域社会组织等级评估情况以及获得5A评估等级的社会组织名单上报民政部。

第十八条 评估期间，评估机构和评估专家有权要求参加评估的社会组织提供必要的文件和证明材料。参加评估的社会组织应当予以配合，如实提供有关情况和资料。

第五章 回避与复核

第十九条 评估委员会委员、复核委员会委员和评估专家有下列情形之一的，应当回避：

（一）与参加评估的社会组织有利害关系的；

（二）曾在参加评估的社会组织任职，离职不满2年的；

（三）与参加评估的社会组织有其他可能影响评估结果公正关系的。

参加评估的社会组织向评估办公室提出回避申请，评估办公室应当及时作出是否回避的决定。

第二十条 参加评估的社会组织对评估结果有异议的，可以在公示期内向评估办公室提出书面复核申请。

第二十一条 评估办公室对社会组织的复核申请和原始证

明材料审核认定后,报复核委员会进行复核。

第二十二条 复核委员会应当充分听取评估专家代表的初步评估情况介绍和申请复核社会组织的陈述,确认复核材料,并以记名投票方式表决,复核结果须经全体委员半数以上通过。

第二十三条 复核委员会的复核决定,应当于作出决定之日起15日内,以书面形式通知申请复核的社会组织。

第二十四条 评估办公室受理举报后,应当认真核实,对情况属实的作出处理意见,报复核委员会裁定。裁定结果应当及时告知举报人,并通知有关社会组织。

第二十五条 评估委员会委员、复核委员会委员和评估专家应当实事求是、客观公正,遵守评估工作纪律。

第六章 评估等级管理

第二十六条 社会组织评估结果分为5个等级,由高至低依次为5A级(AAAAA)、4A级(AAAA)、3A级(AAA)、2A级(AA)、1A级(A)。

第二十七条 获得评估等级的社会组织在开展对外活动和宣传时,可以将评估等级证书作为信誉证明出示。评估等级牌匾应当悬挂在服务场所或者办公场所的明显位置,自觉接受社会监督。

第二十八条 社会组织评估等级有效期为5年。

获得3A以上评估等级的社会组织,可以优先接受政府职能转移,可以优先获得政府购买服务,可以优先获得政府奖励。

获得3A以上评估等级的基金会、慈善组织等公益性社会团体可以按照规定申请公益性捐赠税前扣除资格。

获得4A以上评估等级的社会组织在年度检查时,可以简化年度检查程序。

第二十九条 评估等级有效期满前2年,社会组织可以申请重新评估。

符合参加评估条件未申请参加评估或者评估等级有效期满后未再申请参加评估的社会组织,视为无评估等级。

第三十条 获得评估等级的社会组织有下列情形之一的,由民政部门作出降低评估等级的处理,情节严重的,作出取消评估等级的处理:

(一)评估中提供虚假情况和资料,或者与评估人员串通作弊,致使评估情况失实的;

(二)涂改、伪造、出租、出借评估等级证书,或者伪造、出租、出借评估等级牌匾的;

(三)连续2年年度检查基本合格的;

(四)上年度年度检查不合格或者上年度未参加年度检查的;

(五)受相关政府部门警告、罚款、没收非法所得、限期停止活动等行政处罚的;

(六)其他违反法律法规规定情形的。

第三十一条 被降低评估等级的社会组织在2年内不得提出评估申请,被取消评估等级的社会组织在3年内不得提出评估申请。

第三十二条 民政部门应当以书面形式将降低或者取消评估等级的决定,通知被处理的社会组织及其业务主管单位和政府相关部门,并向社会公告。

第三十三条 被取消评估等级的社会组织须在收到通知书之日起15日内将原评估等级证书、牌匾退回民政部门;被降低评估等级的社会组织须在收到通知书之日起15日内将评估等级证书、牌匾退回民政部门,换发相应的评估等级证书、牌匾。

拒不退回（换）的，由民政部门公告作废。

第三十四条 评估委员会委员、复核委员会委员和评估专家在评估工作中未履行职责或者弄虚作假、徇私舞弊的，取消其委员或者专家资格。

第七章 附 则

第三十五条 社会组织评估经费从民政部门社会组织管理工作经费中列支。不得向评估对象收取评估费用。

第三十六条 社会组织评估标准和内容、评估等级证书牌匾式样由民政部统一制定。

第三十七条 本办法自2011年3月1日起施行。

四、社会组织登记管理机关行政执法约谈工作规定（试行）

民政部关于印发《社会组织登记管理机关行政执法约谈工作规定（试行）》的通知

民发〔2016〕39号

各省、自治区、直辖市民政厅（局），各计划单列市民政局，新疆生产建设兵团民政局：

为规范社会组织登记管理机关行政执法约谈工作，提高行政监管效能，根据《社会团体登记管理条例》、《基金会管理条例》和《民办非企业单位登记管理暂行条例》的有关规定，我部制定了《社会组织登记管理机关行政执法约谈工作规定（试行）》，现印发给你们，请结合实际贯彻执行。在实施中有何问题和建议，请及时报告我部。

民政部

2016年3月16日

社会组织登记管理机关行政执法约谈工作规定（试行）

第一条 为加强对社会组织的事中事后监管，提高行政监管效能，促进社会组织健康有序发展，根据《社会团体登记管理条例》、《基金会管理条例》和《民办非企业单位登记管理暂行条例》，制定本规定。

第二条 社会组织登记管理机关对发生违法违规情形的社会组织，可以约谈其负责人，指出问题，提出改正意见，督促社会组织及时纠正违法违规行为。

第三条 约谈应当遵循依法、合理、及时、有效的原则。

第四条 本规定所称负责人为社会组织的理事长（会长）、副理事长（副会长）、秘书长（院长、校长等）。

前款规定的人员因故不能如期参加约谈的，社会组织应当向登记管理机关书面说明情况，经登记管理机关同意，可以更改约谈时间。

第五条 对同一案件涉及多家社会组织的，可以个别约谈，也可以集中约谈。

第六条 登记管理机关应当制作《约谈通知书》，告知社会组织约谈时间、地点、事项和参加人员等。情况紧急的，可以电话通知社会组织。

第七条 登记管理机关进行约谈时，应当有两名以上执法人员参加，并出示执法证件。必要时可以邀请业务主管单位、行业主管部门、相关职能部门参加。

第八条 约谈按以下程序进行：

（一）执法人员出示证件，表明身份，并核对约谈对象身份；

（二）执法人员告知约谈目的和注意事项；

（三）执法人员指出社会组织的违法违规情形，告知相关法律法规及政策规定；

（四）约谈对象针对本条第（三）项内容进行陈述；

（五）执法人员提出整改意见，对违法违规行为尚未终止的，要求立即停止。

第九条 约谈对象接受整改意见的，应当作出整改承诺；如不接受，则约谈程序终止。

第十条 登记管理机关可以根据需要对约谈过程进行录音、录像。

第十一条 登记管理机关应当制作约谈笔录，约谈结束后由执法人员和约谈对象签字或盖章。约谈对象拒绝签字或盖章的，由执法人员在约谈笔录上注明。

第十二条 对作出整改承诺的社会组织，登记管理机关应当跟踪检查其整改情况。

第十三条 登记管理机关可以将约谈对象、约谈事项、整改承诺等约谈情况及不接受约谈的社会组织名单向社会公布。

第十四条 社会组织的违法违规行为构成行政处罚情形的，登记管理机关不得以约谈代替行政处罚。

第十五条 约谈对象无正当理由不接受约谈，不接受整改意见或不落实整改承诺的，登记管理机关应当及时启动其他执法程序，并将上述情况作为年度检查、等级评估、信用评价、购买服务及税收优惠等工作的参考。

五、中共中央办公厅关于加强社会组织党的建设工作的意见（试行）

中共中央办公厅印发了《关于加强社会组织党的建设工作的意见（试行）》的通知

各省、自治区、直辖市党委，中央各部委，国家机关各部委党组（党委），解放军各总部、各大单位党委，各人民团体党组：

《关于加强社会组织党的建设工作的意见（试行）》（以下简称《意见》）已经中央领导同志同意，现印发给你们，请结合实际认真贯彻执行。

社会组织是我国社会主义现代化建设的重要力量，是党的工作和群众工作的重要阵地，是党的基层组织建设的重要领域。各级党委（党组）要充分认识加强社会组织党的建设工作的重要意义，将其纳入党建工作总体布局，按照全面从严治党的要求，从严从实抓好各项任务落实。要建立健全社会组织党建工作机构，理顺管理体系，完善工作机制，落实党建责任，形成党委统一领导、组织部门牵头抓总、社会组织党建工作机构具体指导、有关部门齐抓共管的工作格局。要加大党组织组建力度，推进社会组织党的组织和党的工作有效覆盖，创新党组织工作内容和活动方式，切实发挥好社会组织党组织的政治核心作用。要选优配强党组织书记，加强党务工作者队伍建设，强化党建工作基础保障，不断提高社会组织党建工作整体水平。

各地区各部门在贯彻执行《意见》中的重要情况和建议，请及时报告党中央。

中共中央办公厅
2015 年 9 月 19 日

关于加强社会组织党的建设工作的意见（实行）
（2015年9月19日）

为切实加强党对社会组织的领导，促进社会组织健康发展，根据党章和有关法律法规，现就加强社会组织党的建设工作提出如下意见。

一、加强社会组织党建工作的重要意义和总体要求

1. 重要意义。社会组织主要包括社会团体、民办非企业单位、基金会、社会中介组织以及城乡社区社会组织等。随着改革开放不断深入，我国社会组织快速发展，已成为社会主义现代化建设的重要力量、党的工作和群众工作的重要阵地。在协调推进全面建成小康社会、全面深化改革、全面依法治国、全面从严治党战略布局中，社会组织承担着重要任务，同时社会组织自身发展也面临许多新情况新问题新挑战。加强社会组织党建工作，对于引领社会组织正确发展方向，激发社会组织活力，促进社会组织在国家治理体系和治理能力现代化进程中更好发挥作用；对于把社会组织及其从业人员紧密团结在党的周围，不断扩大党在社会组织的影响力，增强党的阶级基础、扩大党的群众基础、夯实党的执政基础，都具有重要意义。

2. 总体要求。以马克思列宁主义、毛泽东思想、邓小平理论、"三个代表"重要思想、科学发展观为指导，深入贯彻习近平总书记系列重要讲话精神，坚持党的领导与社会组织依法自治相统一，把党的工作融入社会组织运行和发展过程，更好地组织、引导、团结社会组织及其从业人员；坚持从严从实，把握特点规律，严格落实党建工作制度，积极探索符合社会组织实际的方式方法，防止行政化和形式主义；坚持问题导向，着力破解组织体系不够健全、组织覆盖不够全面、作用发挥不够充分等难题,推动社会组织党建工作水平全面提升;坚持分类指导,根据不同类型不同规模社会组织情况开展工作,正确处理一致性和多样性关系,切实提高针对性和实效性,不断增强社会组织党组织的创造力凝聚力战斗力,充分发挥社会组织党组织的战斗堡垒作用和党员的先锋模范作用。

二、明确社会组织党组织功能定位

3. 地位作用。社会组织党组织是党在社会组织中的战斗堡垒,发挥政治核心作用。要着眼履行党的政治责任,紧紧围绕党章赋予基层党组织的基本任务开展工作,严肃组织生活,严明政治纪律、政治规矩和组织纪律,充分发挥党组织的政治功能和政治作用。要按照建设基层服务型党组织的要求,创新服务方式,提高服务能力,提升服务水平,通过服务贴近群众、团结群众、引导群众、赢得群众。

4. 基本职责。(1)保证政治方向。宣传和执行党的路线方针政策,宣传和执行党中央、上级党组织和本组织的决议,组织党员群众认真学习中国特色社会主义理论体系,深入学习习近平总书记系列重要讲话精神,教育引导党员群众遵守国家法律法规,引导监督社会组织依法执业、诚信从业。(2)团结凝聚群众。做好思想政治工作,教育引导职工群众增强政治认同,关心和维护职工群众的正当权利和利益,汇聚推进改革发展的正能量。(3)推动事业发展。激发从业人员工作热情和主人翁意识,帮助社会组织健全章程和各项管理制度,引导和支持社会组织有序参与社会治理、提供公共服务、承担社会责任。(4)建设先进文化。坚持用社会主义核心价值观引领文化建设,组织丰富多彩的文化活动,营造积极向上的文化氛围,教育党员群众自觉抵制不良倾向,坚决同各种违法犯罪行为作斗争。(5)服务人才成长。关心关爱人才,主动帮助引导,不断提高从业人员的思想和业务素质,支持和保障各类人才干事创业。(6)加强自身建设。创新组织设置,健全工作机制,严格执行组织生活各项制度,做好发展党员和党员教育管理服务工作。维护和执行党的纪律,监督党员切实履行义务,做好党风廉政建设工作。领导本单位工会、共青团、妇联等群团基层组织工作。

三、健全社会组织党建工作管理体制和工作机制

5. 健全工作机构。县级以上地方党委要依托党委组织部门和民政部门建立社会组织党建工作机构,已经建立非公有制企业党建工作机构的,可依托党委组织部门将其与社会组织党建工作机构整合为一个机构。党委组织部门对同级社会组织党建工作机构进行指导。上级社会组织党建工作机构对下级社会组织党建工作机构进行指导。

6. 理顺管理体系。全国性社会组织党建工作分别归口中央直属机关工委、中央国家机关工委、国务院国资委党委统一领导和管理。地方社会组织党建工作由省、市、县级社会组织党建工作机构统一领导和管理。上述机关或机构在社会组织党建工作方面的主要职责是:指导基层党组织建设、党员队伍建设、思想政治工作、党的群众工作和党风廉政建设;督促指导所属社会组织党组织按期换届,审批选出的书记、副书记;审核社会组织负责人人选;指导做好党的建设的其他工作。城乡社区社会组织党建工作由街道社区和乡镇村党组织兜底管理。有业务主管单位的社会组织党建工作,由业务主管单位党组织领导和管理,接受社会组织党建工作机构的工作指导。社会组织中设立的党组,对本单位和直属单位党组织的工作进行指导。各地要按照有利于开展党的活动、加强党员教育管理的原则理顺社会组织党组织隶属关系。

7. 完善工作机制。各级党委组织部门和社会组织党建工作机构要加强统筹协调，定期召开有关部门参加的社会组织党建工作会议，及时研究有关重要问题。注重上下联动，及时沟通社会组织党建工作动态信息，研究部署重点任务，运用基层经验推动面上工作。县级以上党委组织部门和社会组织党建工作机构应直接联系一批规模较大、人员较多、影响力强的社会组织党组织，及时了解情况、听取意见、加强指导。

四、推进社会组织党的组织和党的工作有效覆盖

8. 按单位建立党组织。凡有三名以上正式党员的社会组织，都要按照党章规定，经上级党组织批准，分别设立党委、总支、支部，并按期进行换届。规模较大、会员单位较多而党员人数不足规定要求的，经县级以上党委批准可以建立党委。社会组织变更、撤并或注销，党组织应及时向上级党组织报告，并做好党员组织关系转移等相关工作；上级党组织应及时对社会组织党组织变更或撤销作出决定。

9. 按行业建立党组织。行业特征明显、管理体系健全的行业，可依托行业协会商会建立行业党组织。行业党组织对会员单位党建工作进行指导。

10. 按区域建立党组织。在社会组织相对集中的各类街区、园区、楼宇等区域，可以打破单位界限统一建立党组织。规模小、党员少的社会组织可以本着就近就便原则，联合建立党组织。

11. 实现全领域覆盖。本着应建尽建的原则，加大党组织组建力度。暂不具备组建条件的社会组织，可通过选派党建工作指导员、联络员或建立工会、共青团组织等途径开展党的工作，条件成熟时及时建立党组织。新成立的社会组织，具备组建条件的，登记和审批机关应督促推动其同步建立党组织。街道社区、乡镇村党组织要加强对城乡社区社会组织的领导和指导。通过各种方式，逐步实现党的组织和党的工作有效覆盖。

五、拓展社会组织党组织和党员发挥作用的途径

12. 围绕社会组织健康发展开展党组织活动。党组织活动应与社会组织发展紧密结合，积极探索开展主题活动等有效载体，与社会组织执业活动、日常管理、文化建设等相互促进。推行社会组织党员管理层人员和党组织班子成员双向进入、交叉任职。党组织书记应参加或列席管理层有关会议，党组织开展的有关活动可邀请非党员社会组织负责人参加。

13. 贴近职工群众需求开展党组织活动。社会组织党组织要深入了解、密切关注职工群众思想状况和实际需求，创新思想政治教育方式，组织开展群众欢迎的活动，提供群众期盼的服务，加强人文关怀和心理疏导，积极为群众排忧解难，寓教育于服务之中，切实增强党组织的吸引力和影响力。坚持党建带群建、群建促党建，注重发挥工会、共青团、妇联等群团组织作用，形成做好群众工作合力。

14. 突出社会组织特点开展党组织活动。发挥社会组织及其从业人员专业特长，积极开展专业化志愿服务。发挥社会组织人才、信息等资源丰富的优势，主动与社区和其他领域党组织结对共建，实现资源共享、优势互补。发挥社会组织联系广泛的优势，组织党员在从业活动中宣传党的路线方针政策，凝聚社会共识。针对从业人员流动性强的特点，充分利用现代信息技术手段开展活动，增强党组织活动的开放性、灵活性和有效性。

15. 紧扣党员实际创新教育管理服务。着力保障和落实党员知情权、参与权、选举权、监督权,积极推进党务公开,提高党员对党内事务的参与度,发挥党员在党内政治生活中的主体作用。以党性教育为重点,加强党员教育培训,不断提高党员素质。通过设立党员先锋岗、党员责任区、党员服务窗口等形式,积极开展党员公开承诺践诺活动,充分发挥示范带动作用。按照"一方隶属、参加多重组织生活"原则,组织暂未转移组织关系的党员积极参加社会组织党组织的活动。加大发展党员工作力度,始终把政治标准放在首位,加强对入党积极分子的教育培养,注重把符合条件的社会组织负责人和业务骨干发展为党员,注重在没有党员或只有个别党员的社会组织中发展党员。强化党员管理监督,严格组织关系管理,及时处置不合格党员,保持党员队伍的先进性、纯洁性。

16. 贯彻从严要求提高组织生活质量。紧密联系党员思想工作实际,严格落实"三会一课"、民主评议党员、党员党性定期分析等制度。经常听取职工群众对党组织和党员的意见,对存在的问题及时进行整改。按照规定召开党员领导干部民主生活会,定期召开党员组织生活会,积极开展批评和自我批评,教育引导党员守纪律、讲规矩,坚决防止组织生活随意化、平淡化、娱乐化、庸俗化。

六、加强社会组织党务工作者队伍建设

17. 选优配强党组织书记。按照守信念、讲奉献、有本领、重品行的要求,选优配强社会组织党组织书记。党组织书记一般从社会组织内部产生,提倡党员社会组织负责人担任党组织书记。社会组织负责人不是党员的,可从管理层中选拔党组织书记。社会组织中没有合适人选的，可提请上级党组织选派，再按党内有关规定任职。

18. 充实壮大党务工作者队伍。适应加强社会组织党建工作需要，坚持专兼职结合，多渠道、多样化选用，建设一支素质优良、结构合理、数量充足的党务工作者队伍。规模大、党员数量多的社会组织党组织，应配备专职副书记。加大党建工作指导员选派力度，充分发挥其组织宣传、联系服务、协调指导作用。在社会组织相对集中的区域建立党建工作站，配备专兼职人员做好党务工作。

19. 加强党务工作者教育培训。把社会组织党务工作者纳入基层党务干部培训范围，依托各级党校、行政学院、干部学院和高校开展培训。培训工作由党委组织部门、社会组织党建工作机构和民政、司法、财政、税务、教育、卫生计生、工商等有关部门组织实施。重点加强党的理论和路线方针政策、党内法规和国家法律法规、党务知识、社会组织管理等方面的教育培训，提高做好群众工作、服务社会组织发展的能力。

20. 强化管理和激励。坚持严格管理和关心激励相结合，建立健全符合社会组织特点的管理考核和激励约束制度，使社会组织党务工作者干事有平台、待遇有保障、发展有空间。社会组织党组织书记要认真落实党建工作责任制，每年应向上级党组织和本单位党员报告工作并接受评议。根据实际给予党组织书记和专职党务工作者适当工作津贴。注重推荐优秀党组织书记作为各级党代会代表、人大代表、政协委员人选，作为劳动模范等各类先进人物人选，推荐社会组织负责人作为上述人选时，要征求社会组织党组织意见。建立党务工作者职务变动报告制度，党组织书记因坚持原则遭受不公正待遇时，上级党组织应及时了解情况，给予帮助和支持。

氛围。

各地区各有关部门可结合实际，制定贯彻落实本意见的具体实施办法。

六、环境保护部、民政部关于加强对环保社会组织引导发展和规范管理的指导意见

环境保护部、民政部关于加强对环保社会
组织引导发展和规范管理的指导意见

（环宣教〔2017〕35号）

各省、自治区、直辖市环境保护厅（局）、民政厅（局），新疆生产建设兵团环境保护局、民政局：

为贯彻落实党的十八大和十八届三中、四中、五中、六中全会精神，践行创新、协调、绿色、开放、共享发展理念，进一步促进环保社会组织健康有序发展，更好地发挥民间环保力量，广泛动员公众参与生态文明建设，推动绿色发展，根据中央办公厅、国务院办公厅印发的《关于改革社会组织管理制度促进社会组织健康有序发展的意见》以及《慈善法》等法律法规，现就加强对环保社会组织引导发展和规范管理提出如下意见：

一、高度重视环保社会组织工作

以环保社会团体、环保基金会和环保社会服务机构为主体组成的环保社会组织，是我国生态文明建设和绿色发展的重要力量。近年来，在党和政府高度重视和引导下，环保社会组织在提升公众环保意识、促进公众参与环保、开展环境维权与法律援助、参与环保政策制定与实施、监督企业环境行为、促进环境保护国际交流与合作等方面做出了积极贡献。同时也要看到，由于法规制度建设滞后、管理体制不健全、培育引导力度不够、社会组织自身建设不足等原因，环保社会组织依然存在管理缺乏规范、质量参差不齐、作用发挥有待提高等问题，与

可申请财政资金支持环保社会组织开展社会公益活动。

(三) 加强环保社会组织规范管理

环保部门要加强对环保社会组织的业务指导和行业监管，积极配合民政部门定期对环保社会组织进行专项监督抽查。引导环保社会组织联合建立服务标准、行为准则、信息公开和行业自律规则，增强自我约束、自我管理、自我监督能力。规范、指导环保社会组织建立开展环保活动的社会影响评估机制。民政部门要通过检查、评估、年度报告、信息公开、执法查处等手段，依法监督环保社会组织负责人、资金、章程履行等情况，严厉查处环保社会组织违法违规行为。鼓励支持新闻媒体、社会公众对环保社会组织进行监督。

(四) 推进环保社会组织自身能力建设

督促环保社会组织完善现代社会组织法人治理结构，建立健全以章程为核心的各项规章制度，推动环保社会组织成为权责明确、运转高效、依法自治的法人主体。帮助环保社会组织加大专业人员培养，开展多方面、多层次的业务培训，不断提升其专业服务水平。引导环保社会组织依法开展环境公益诉讼。拓展环保社会组织的参与渠道，提高其参与生态文明建设和环境保护事务的能力。引导具有对外交往能力的环保社会组织积极"走出去"，参与国际合作交流，通过民间交往讲好中国环保故事。

四、抓好组织实施

(一) 建立工作机制，落实主体责任。环保部门和民政部门要互相配合、通力合作，定期召开会议，研究重要情况，协调重大事项，部署下阶段任务。环保部门和民政部门要建立与发展改革、科技、财政、国土资源、水利、农业、林业等部门的沟通机制，推进环保社会组织规范管理工作。鼓励支持有条件的地方出台有关环保社会组织的地方性法规和政府规章。地方环保部门和民政部门负责对本行政区域内活动的环保社会组织进行联络沟通和引导支持。

（二）规范服务管理，提升工作水平。各级环保部门、民政部门要会同有关部门加强环保社会组织管理服务队伍建设，确保服务到位，监管有效。要充分利用在环保领域的资源和专业优势，开展对环保社会组织的业务指导、人员培训、政策咨询、智力引进、服务购买等工作。在制定政策时，应通过各种形式听取环保社会组织的意见与建议，自觉接受环保社会组织的咨询和监督。为环保社会组织参与环保事务提供便利。建立环保社会组织专家人才库和专家咨询评审委员会，为开展环保社会组织工作提供人才和智力支持。

（三）加强宣传引导，推广先进典型。加强环保社会组织研究和建设，提高公众对环保社会组织的认识。加大与重点环保社会组织的联系，建立定期的沟通、协调与合作机制。及时总结宣传推广优秀环保社会组织典型案例，完善环保社会组织人才保障和激励机制，营造推进环保社会组织健康有序发展的良好氛围。

环境保护部
民政部
2017 年 1 月 26 日

发展。严格依法行政，在法治框架下对环保社会组织的行为进行指导和规范，增强对公众的影响力。

三、加强政策扶持力度，改善环保社会组织发展的外部环境

（五）制定培育扶持环保社会组织的发展规划。坚持政府扶持、社会参与、民间自愿的方针，推动环保社会组织健康、有序发展。地方各级环保部门应根据本地实际制定利于促进环保组织发展的规划，鼓励环保社会组织积极开展相关活动，参与环境保护。

（六）转变思想观念，拓展环保社会组织的活动与发展空间。各级环保部门要解放思想，高度重视环保社会组织的发展和管理，进一步转变思想观念，努力为环保社会组织的公益活动提供力所能及的支持。

（七）建立政府与环保社会组织之间的沟通、协调与合作机制。拓展环保社会组织的参与渠道，建立环保部门与环保社会组织之间定期的沟通、协调与合作机制。各级环保部门在制定政策，进行行政处罚和行政许可时，应通过各种形式听取环保社会组织的意见与建议，自觉接受环保社会组织的咨询和监督。

（八）表彰典型，广泛宣传。各级环保部门应注意了解当地环保社会组织的活动情况，总结评估环保社会组织开展工作的成效与经验，对优秀的环保社会组织与个人及时进行奖励或表彰。

四、加强能力建设，引导环保社会组织健康、有序发展

（九）加强环保社会组织的人才队伍建设，开展多方面、多层次的业务培训。各级环保部门要把对环保社会组织人才培训列入人才培养教育发展规划，通过环保宣教中心或委托大专院

校、培训中介机构对环保社会组织的负责人或骨干进行相关法律法规、环保专业技能、组织与项目管理等方面的知识培训，定期组织环保社会组织到企业、社区进行学习考察，并为环保社会组织自身的学习培训活动提供宣传资料、活动场所或其他形式的帮助，提高环保社会组织的政策、业务水平和参与环境保护事业的能力。

（十）加强对环保社会组织的规范引导，促进环保社会组织的自律。各级环保部门要加强环保社会组织的思想政治建设，建立各项管理制度和工作机制，指导其树立诚信意识，养成良好的职业道德，促进环保社会组织规范运作，在推进环境保护事业发展进程中发挥积极作用。环保社会组织与境外非政府组织开展合作项目，要根据相关规定报外事部门审批。

（十一）促进环保社会组织的国际交流与合作。环保部门要积极为环保社会组织开展国际交流与合作进行政策指导、提供信息、搭建平台。鼓励环保社会组织积极开展国际交往，通过国际民间环境交流合作的渠道宣传中国政府的环境政策和工作成效，努力维护中国的环境形象。

中华人民共和国环境保护部
二〇一〇年十二月十日

查标准】审查社会组织是否属于环境保护法第五十八条规定的"专门从事环境保护公益活动",应从章程规定的宗旨和业务范围是否包含维护环境公共利益,是否实际从事环境保护公益活动,以及提起环境公益诉讼所维护的环境公共利益是否与其宗旨和业务范围具有关联性等三个方面进行认定。

社会组织章程虽未明确规定维护环境公共利益,但工作内容包含大气、水、海洋、土地、矿藏、森林、草原、湿地、野生生物、自然遗迹、人文遗迹、自然保护区、风景名胜区等环境要素及其生态系统多样性的保护,可以认定该社会组织的宗旨和业务范围是维护环境公共利益。

社会组织从事植树造林、濒危物种保护、节能减排、环境修复等直接改善生态环境的行为,或者从事与环境保护有关的宣传教育、研究培训、学术交流、法律援助、公益诉讼等活动,可以认定为实际从事环境保护公益活动。

社会组织起诉事项与其宗旨和业务范围不具有对应关系,但与其所保护的环境要素或者生态系统具有一定的联系,可以认定为社会组织提起的诉讼与其宗旨和业务范围具有关联性。

第六条 【具有损害社会公共利益重大风险的初步证明材料】对于尚未发生实际损害后果的污染环境、破坏生态行为,社会组织提交被告具有环境保护法第六十三条规定情形以及其他具有现实和紧迫的重大风险的初步证明材料,可以认定为已经提交"被告的行为具有损害社会公共利益重大风险的初步证明材料"。

第七条 【原告未提出明确诉请金额的情形】社会组织在起诉状中没有提出明确的修复金额或者损失数额,但请求被告承担修复生态环境、赔偿生态环境服务功能损失责任的,可以认定为民事诉讼法第一百一十九条第三项规定的"有具体的诉讼请求"。

第八条 【不属于人民法院受理环境民事公益诉讼的范围】社会组织针对行政机关或者法律、法规、规章授权的组织实施的行政行为提起的诉讼,或者虽然没有直接针对行政行为提起诉讼,但其提出的诉讼请求,需要以人民法院审查行政行为是否合法为前提的,不属于人民法院受理环境民事公益诉讼的范围。

第九条 【审判组织】人民法院审理第一审环境民事公益诉讼案件,应当依法组成合议庭。合议庭原则上由审判员、陪审员共同组成。陪审员可以按案涉专业领域选定。

第十条 【巡回审判】实行跨行政区划集中管辖的人民法院,可以根据案件情况以及便利当事人参加诉讼的需要实行巡回审判。

第二节 审理前的准备和开庭审理

第十一条 【受理公告】人民法院受理环境民事公益诉讼后,应在立案之日起五日内将起诉状副本送达被告,并同时在法院公告栏、受诉人民法院官网或者其它媒体公告案件受理情况。公告期间为三十日。

公告内容一般应包括:

(一)当事人基本信息、起诉和受理时间、诉讼请求内容、诉讼请求所依据的基本事实和理由等案件基本情况。

(二)在公告期间届满前,有权提起诉讼的其他机关和社会组织可以申请参加诉讼。逾期申请的,不予准许。

(三)公告期间届满前,机关、社会团体、企业事业单位可以通过支持起诉的方式申请参加诉讼。

(四)公众参与环境民事公益诉讼的权利。主要包括提供相关线索、对当事人调解协议内容提出意见、对调解书或者裁判

人民法院可以向其释明追加污染者为共同被告。原告经释明后仍不追加的,人民法院可依职权追加。

第十九条 【支持起诉人参加诉讼的方式】支持起诉人可以采取提供法律和技术咨询、提交书面意见、协助调查取证以及出庭支持起诉等方式支持起诉。

支持起诉人支持起诉的范围不能超出原告的诉讼请求,支持起诉人所实施的诉讼行为不得与原告的表示或者行为相抵触。

支持起诉人请求出庭支持起诉的,人民法院可以书面通知其到庭。支持起诉人可以在原告发表意见之后向法庭陈述意见。裁判文书应在原告之后列明支持起诉人。

第二十条 【证据保全、调取的方式】采取证据保全、调取措施的,人民法院可以邀请负有环境保护监督管理职责的部门、技术专家等共同参与。实施过程应制作笔录,必要时进行拍照、录像。

第二十一条 【向行政机关调取证据】人民法院根据当事人申请或者认为必要的,可以向负有环境保护监督管理职责的部门调取与案件相关的环境影响评价许可、排污许可证等许可文件,行政执法过程中出具的事件调查报告、调查笔录、检验报告、检测报告、评估报告、监测数据以及行政处罚决定和处罚依据等材料。

第二十二条 【符合环境保护法第六十三条规定情形的行为保全】社会组织申请保全,人民法院经审查发现被申请人的行为属于环境保护法第六十三条规定情形之一的,可以依申请或者依职权裁定责令被申请人立即停止排污、停止建设、停止生产经营,或者停止生产、使用国家明令禁止生产、使用的农药等侵害行为,也可以一并责令被申请人采取污染防治措施。

第二十三条 【其他情形的行为保全】社会组织申请保全,

人民法院经审查发现被申请人实施的行为不属于环境保护法第六十三条规定的情形的,应综合考虑以下情形,裁定是否采取行为保全:

(一)不采取行为保全,是否对环境公共利益造成难以弥补的损害。

(二)被申请人是否属于超标排放或者是否已经取得了相应的行政许可。

(三)行为保全给被申请人造成的损失。

(四)采取行为保全是否会损害其他社会公共利益。

(五)申请诉前行为保全的,还应考虑被申请人实施的污染环境、破坏生态行为对于环境公共利益是否具有现实而紧迫的重大风险。

根据案件情况不宜裁定责令被申请人立即停止排污、建设以及生产经营等行为,人民法院可以裁定责令被申请人采取减少排污量至排放标准之下、增建和改善污染防治设施以及限定排污设施的运行时间等措施。

第二十四条 【行为保全裁定的解除】保全裁定作出后,被告采取有效措施确保损害不再继续扩大或者消除环境公共利益遭受损害的重大风险,申请解除行为保全的,人民法院可予以准许。必要时人民法院可以责令被告提供担保。

第二十五条 【鉴定事项和鉴定机构】对于损害结果、因果关系、生态环境修复方案和费用、生态环境服务功能损失等专门性问题,可由具备相应资质的司法鉴定机构出具鉴定意见;没有司法鉴定机构的,可由国务院环境保护主管部门推荐的机构或者其他依法成立的科研机构出具意见。

第二十六条 【人民法院聘请的技术专家】人民法院认为有必要的,可以听取技术专家的意见。技术专家可以参加庭审,

被告实施环境保护法第六十三条规定以外污染环境、破坏生态行为的，人民法院可以判决被告采取限期治理、减少排污量至排放标准之下、增建和改善污染防治设施以及限定排污设施的运行时间等措施。

第三十三条　【替代性修复】对于因污染大气、水等具有自净功能的环境介质导致生态环境损害，原地修复已无可能或者没有必要的，人民法院可以判决被告支付生态环境修复费用，采取区域环境治理、劳务代偿、从事环境宣传教育等替代性修复方式。

第三十四条　【生态环境修复方案】人民法院判令被告修复生态环境的，可以在裁判主文中明确生态环境修复方案或者将生态环境修复方案作为裁判文书的附件。

人民法院在确定生态环境修复方案前，可以咨询负有环境保护监督管理职责的部门、技术专家的意见。生态环境修复方案一般应包含以下内容：生态环境修复目标、技术方案、时限和步骤、投入预算、验收目标和监督方案。

第三十五条　【分期给付】人民法院判决被告承担生态环境修复费用以及生态环境服务功能损失的，可以根据被告的生产经营等情况判令分期给付，并确定分期给付的期限、次数和每次给付的金额。

第三十六条　【生态环境修复费用和服务功能损失赔偿款的受领主体】人民法院判令被告支付的生态环境修复费用以及生态环境服务功能损失赔偿金等款项，可以由环境公益诉讼专项基金或者专项资金账户等受领。

第三十七条　【执行和解】环境民事公益诉讼原则上不能进行执行和解。确有必要达成执行和解协议的，和解协议内容不得损害社会公共利益。人民法院应将和解协议内容公告

第三十八条 【第三方代执行】被执行人在生效裁判指定期间,没有能力履行、拒绝履行或者怠于履行生态环境修复义务的,人民法院可以委托第三方进行生态环境修复,由被执行人支付生态环境修复的相关费用。

第三十九条 【执行监督】负责执行的人民法院可以请申请执行人或者负有环境保护监督管理职责的部门、其他社会组织等第三方对被执行人履行生态环境修复义务的情况进行监督,监督费用由被执行人负担。

第三章 检察机关提起的环境公益诉讼

第一节 一般规定

第四十条 【审理依据】人民法院应严格依照全国人民代表大会常务委员会决定和民事诉讼法、行政诉讼法及其司法解释的规定受理和审理检察机关提起的环境民事或者行政公益诉讼案件。

第四十一条 【检察机关应提交的起诉材料】检察机关提起环境民事或者行政公益诉讼,已提交以下材料的,应当予以立案登记:

(一)符合民事诉讼法、行政诉讼法规定的起诉状,并按照被告人数提出副本;

(二)被告的行为已经损害国家利益、社会公共利益或者具有损害社会公共利益重大风险的初步证明材料;

(三)检察机关已履行诉前程序的证明材料;

(四)委派工作人员办理登记立案手续的介绍信以及相关工作人员的工作证、身份证等身份证明材料。

检察机关提交的材料不符合前款规定的,人民法院应当释明要求补正。

公益诉讼的,可以依照刑事诉讼法第二十三条、第九十九条以及《最高人民法院关于审理环境民事公益诉讼案件适用法律若干问题的解释》第六条的规定,由同一审判组织合并审理。

环境民事公益诉讼案件中被告修复生态环境等情况可以作为刑事案件的量刑情节。

第五十二条 【检察机关诉前委托的鉴定意见】检察机关在起诉前委托作出的鉴定意见,被告有证据足以反驳并申请重新鉴定的,人民法院应予准许。

第三节 检察机关提起的环境行政公益诉讼

第五十三条 【行政机关是否履行法定职责的审查标准】行政机关在诉前程序中作出的行政行为不足以保护社会公共利益,或者行政机关虽已作出足以保护社会公共利益的行政行为,但社会公共利益仍处于受侵害状态,检察机关提起环境行政公益诉讼的,应予受理。

第五十四条 【针对行政机关的释明】人民法院在向环境行政公益诉讼被告送达应诉通知书等起诉材料时,可以就相关法律规定以及不履行人民法院生效裁判的后果等对被告进行释明,促使被告主动纠正违法行为、依法履行法定职责。

第五十五条 【通知行政相对人参加诉讼】公民、法人和其他组织与环境行政公益诉讼的被诉行政行为有利害关系但没有提起诉讼,或者同案件处理结果有利害关系的,可以作为第三人申请参加诉讼,或者由人民法院通知参加诉讼。

第五十六条 【一并审理民事公益诉讼案件】人民法院在审理检察机关提起行政公益诉讼案件中,可以一并审理检察机关或者社会组织就同一污染环境、破坏生态行为提起的民事公益诉讼。相关案件应按照《最高人民法院关于适用〈中华人民共和国行政诉讼法〉若干问题的解释》第十八条规定进行立案登记并确定审判组织。

第五十七条 【环境行政公益诉讼中的和解】污染者作为环境行政公益诉讼案件第三人参加诉讼的，检察机关可以就修复费用、履行方式等与被告、第三人和解，和解协议内容不得损害社会公共利益。人民法院应将和解协议内容公告。

第五十八条 【检察机关提出新的诉请的准许】在起诉状副本送达被告后，检察机关提出新的诉讼请求的，人民法院不予准许，但有正当理由的除外。

第五十九条 【诉讼请求全部实现的情形】人民法院对行政案件宣告裁判结果前，被告改变其所作的行政行为，检察机关的诉讼请求全部实现，申请撤诉的，人民法院一般应当裁定准许；检察机关不撤诉的，人民法院依法作出裁判。

附　则

第六十条 【施行日期】本规范自公布之日起施行。

作为课题研究成果迟迟不得完成，与我国环保社会组织环境民事公益诉讼立法和司法实践的缓慢推进不无关系。理论来源于实践又高于实践，缺乏实践支撑的理论是走不远的。就时间进度来看，该课题研究的推进与我国相应法律实践的开展是同步进行的，也正是因此，该课题研究既依赖于我国有关制度规范立法探索，又离不开环保社会组织提起民事公益诉讼的个案实践，同时还仰仗于环境法学界与之相关的研究成果。

本书只是笔者对中国环保社会组织民事公益诉讼所涉法律问题有限的、阶段性的、个性化的研究总结。笔者不才，在对几年来相关案例和文献资料跟踪研究的基础上完成书稿，付梓刊印。然而，本课题作为一项系统性研究难免会有诸多遗漏疏忽之处，万望各位学界贤达、实务人士不吝赐教，笔者定悉心领教，以图研究周全。

本书写作过程中，得到了实务界好友检察官李学雷、法官王妮以及同门师姐叶晓丹博士的鼎力支持，书稿文字校对由本科生王小杉同学主动请缨完成，笔者硕士阶段导师黄明健教授不辞辛劳为本书作序。此外，还有许许多多亲朋好友或多或少为本课题的顺利完成提供了支持，请恕我不能一一列明，谨于此对他们的辛苦付出表示衷心感谢！

秘明杰
2020 年 4 月 15 日于山海花园陋室